GERENCIAMENTO DE TEMPO

10 Formas De Criar Um Equilíbrio Entre O Trabalho E A Vida Pessoal

(Um Guia Encorajador Que Ajudará Você A Ser Mais Feliz)

Russ Bare

Traduzido por Daniel Heath

Russ Bare

Gerenciamento de tempo: 10 Formas De Criar Um Equilíbrio Entre O Trabalho E A Vida Pessoal (Um Guia Encorajador Que Ajudará Você A Ser Mais Feliz)

ISBN 978-1-989837-98-6

Termos e Condições

De modo nenhum é permitido reproduzir, duplicar ou até mesmo transmitir qualquer parte deste documento em meios eletrônicos ou impressos. A gravação desta publicação é estritamente proibida e qualquer armazenamento deste documento não é permitido, a menos que haja permissão por escrito do editor. Todos os direitos são reservados.

As informações fornecidas neste documento são declaradas verdadeiras e consistentes, na medida em que qualquer responsabilidade, em termos de desatenção ou de outra forma, por qualquer uso ou abuso de quaisquer políticas, processos ou instruções contidas, é de responsabilidade exclusiva e pessoal do leitor destinatário. Sob nenhuma circunstância qualquer, responsabilidade legal ou culpa será imposta ao editor por qualquer reparação, dano ou perda monetária devida às informações aqui contidas, direta ou indiretamente. Os respectivos autores são proprietários de todos os direitos autorais não detidos pelo editor.

Aviso Legal:

Este livro é protegido por direitos autorais. Ele é designado exclusivamente para uso pessoal. Você não pode alterar, distribuir, vender, usar, citar ou parafrasear qualquer parte ou o conteúdo deste ebook sem o consentimento do autor ou proprietário dos direitos autorais. Ações legais poderão ser tomadas caso isso seja violado.

Termos de Responsabilidade:

Observe também que as informações contidas neste documento são apenas para fins educacionais e de entretenimento. Todo esforço foi feito para fornecer informações completas precisas, atualizadas e confiáveis. Nenhuma garantia de qualquer tipo é expressa ou mesmo implícita. Os leitores reconhecem que o autor não está envolvido na prestação de aconselhamento jurídico, financeiro, médico ou profissional.

Ao ler este documento, o leitor concorda que sob nenhuma circunstância somos responsáveis por quaisquer perdas, diretas ou indiretas, que venham a ocorrer como resultado do uso de informações contidas neste documento, incluindo, mas não limitado a, erros, omissões, ou imprecisões.

Índice

Parte 1 1

Uma Introdução Ao Tempo 2

Capítulo 1: 5

As Leis Do Tempo 5

& 5

Um Verdadeiro Interlúdio Para A Vida: 5

PRINCÍPIO 1: 7
ENTENDENDO A OTIMIZAÇÃO DE TEMPO 7
DOMINANDO UM SISTEMA DE OTIMIZAÇÃO DE TEMPO: 12
COMO APLICAR O 1º PRINCÍPIO DO TEMPO 13
Etapa 1: Acompanhe O Tempo Gasto Em Cada Ação Específica. 13
Etapa 2: Identifique Oportunidades Em Sua Agenda Para Liberar Tempo. 13
Etapa 3: Crie Soluções Para Todas As Oportunidades. 14
Passo 4: Aplique As 3 Oportunidades Que Obtêm Os Resultados Mais Rápidos. 15
ETAPA 5: USE O TEMPO LIVRE DA ETAPA QUATRO PARA APLICAR A SOLUÇÃO QUE LIBERA MAIS TEMPO. REPITA ATÉ QUE VOCÊ FIQUE SEM SOLUÇÕES PARA SE CONECTAR À SUA AGENDA. 16
PRINCÍPIO 2: GASTAR TEMPO LIVRE APAIXONADAMENTE 18
COMO APLICAR O 2º PRINCÍPIO DO TEMPO: 21

Capítulo 2: 23

Acompanhando O Tempo Para 23

Entender Como Você 23

Realmente Valoriza Sua Vida 23

O Que Realmente Importa Na Vida? 23

Princípio 3: Viver Uma Vida Que É Fiel A Você Mesmo 28
Princípio 4: Ações São Resultados Diretos De Associações.... 28

Capítulo 3: 41

Descobrindo Um Verdadeiro Caminho Na Vida 41

Melhorando Rapidamente A Vida Aplicando Uma Visão De 5 Anos 41
Como Criar Uma Visão De 5 Anos 43

Capítulo 4: 51

Aplicando 51

Sua Visão De 51

5 Anos 51

Como Usar Sua Visão De 5 Anos: 51

Passo 1: Identifique As Diferenças De Como Você Gasta Todos Os Aspectos Do Seu Dia Entre Os Dois 51
Passo 2: Identifique As Coisas Que Você Pode Mudar Rapidamente Para Melhorar Instantaneamente Sua Vida..... 52
Passo 3: Faça Engenharia Reversa Do Seu Objetivo De 5 Anos Até O Seu Dia Atual E Divida-O Em Ações Semanais Simples Do Início Ao Fim E Acompanhe Seu Progresso. Intensamente Documentar O Processo De Engenharia Reversa. 54
Passo 4: Conecte Sua Visão De 5 Anos Em Sua Agenda Atual. 55
Passo 5: Identifique Seus Principais Obstáculos Ao Conectar Sua Visão De 5 Anos. 57
Passo 6: Crie Soluções Para Garantir Que Você Tome Medidas Em Sua Visão De 5 Anos. 59
Passo 7: Negociar Com Você Mesmo, Seus Amigos E Sua Família Para Adquirir Sua Visão De 5 Anos 62

Capítulo 5: 63

A Arte Simplista Da Negociação 63

O Simplista 63

Arte De Negociação: 63

EXISTEM TRÊS FERRAMENTAS QUE VOCÊ PODE USAR PARA DOMINAR A SI MESMO. 63

1. Certeza 66

2. Variedade 66

3. Significado/Sentido 66

4. Amor E Conexão 66

5. Crescimento 66

6. Contribuição 66

NEGOCIANDO COM SEUS ENTES QUERIDOS. 71
UMA CONCLUSÃO PARA O TEMPO: 75

Parte 2 78

INTRODUÇÃO 79

Passo 1: O Que É Gestão Do Tempo? 83

Passo 2: Estabelecer As Suas Prioridades Corretamente ... 89

Passo 3: Estabelecer Prazos De Execução Baseados Nas Suas Prioridades 94

Passo 4: Criar Um Ambiente Em Que Pode Gerir O Seu Tempo Com Sabedoria 99

Passo 5: Eliminar Distrações 103

Passo 6: Saber A Diferença Entre Ser Proativo E Reativo. 109

Passo 7: Organizar A Sua Semana 121

Passo 8: A Importância De Fazer Pausas 127

Passo 9: Rever O Seu Progresso Ao Fim De Cada Dia 135

Passo 10: Criar Um Sistema De Recompensas 137

Conclusão 142

Parte 1

UMA INTRODUÇÃO AO TEMPO

A vida é uma fera e sem assumir o controle dela, você nunca será capaz de viver uma vida que seja apaixonante, porque a verdade é que o tempo é limitado. Sem conscientemente assumir o controle do seu tempo para realizar seus sonhos ou simplesmente criar tempo livre para gastar com seus entes queridos, você passará sua vida inteira tentando alcançar suas agendas. Durante os dias de sorte que o calendário esclarece, é gasto a recuperar da exaustão.

Há apenas 24 horas por dia, e essa verdade é assustadora e faz com que pareça que nunca há tempo suficiente para gastar as coisas que realmente importam na vida. Parece que acordar com pressa é o normal. Uma vez que o dia começa, parece que o destino do dia já foi definido, mas muitas vezes há ainda mais emergências e atividades que jogam o seu dia, sua semana e sua vida em um caos espiralado. Quando chegamos em casa, parece que não há tempo para relaxar e mergulhamos no sono e acordamos correndo.

Equilibrar a vida com uma carreira profissional é, sem dúvida, uma das partes mais desafiadoras da era moderna. Espera-se que os empregadores façam mais do que em qualquer outro momento da história e estão previstos por seus chefes para realizá-lo em menos tempo. E esse fato estressante desconsidera completamente nossa vida pessoal, que parece ter ficado mais ocupada desde a ascensão da mídia personalizada.

A verdade é que sem tomar o controle do tempo, você é obrigado a acordar depois que sua vida passou por você. Sem reflexão e foco durante um dia agitado, dias, semanas, meses e até anos passarão antes que você tenha uma epifania de tempo forçando você a refletir onde você gasta seu tempo, mas o objetivo deste livro é mudar isso por toda a vida.

A vida é uma bênção e o mundo é um playground. Por que você passaria sua vida em tarefas insensatas e sem sentido, quando os humanos estão no mais alto conforto de viver na história? Se você gostaria de aproveitar isso, gastando mais tempo com seus entes queridos, viajando, tocando música, fazendo amigos ou se tornando mais rico em menos tempo, este livro vai deixar você assumir o controle do tempo para que você possa passar a sua vida fazendo as coisas que você realmente ama.

E no final do dia, o maior medo de uma pessoa no homem não é de fato a morte, mas a morte de uma vida que você não ama. Nada diz melhor que no filme Sr. Ninguém.

"Eu não tenho medo de morrer, eu tenho medo de não estar vivo o suficiente."

Capítulo 1:
As leis do tempo
&
um verdadeiro interlúdio para a vida:

Acredita-se que o dinheiro é a raiz de todo o mal, mas infelizmente o dinheiro é apenas um efeito do recurso mais maligno conhecido pelo homem.
Tempo:

O tempo é a raiz de todo o mal, mas, ao mesmo tempo, é o fundamento de toda a graça.

Esta "teoria" é apoiada pelo fato de que toda guerra que já foi travada foi a acumulação de todos os recursos físicos ou espirituais para o país.

Isto significa que consistentemente ao longo do tempo, a guerra foi travada por apenas duas coisas.

Sobrevivência e conforto de vida.

E a verdade brutal é que a humanidade esqueceu o valor de viver o momento nesse tempo moderno; mas os mesmos valores que construíram nossos ancestrais são os mesmos que nos permitem prosperar.

Isto é porque ...

Em batalhas perdidas e lendas antigas, há uma coisa que importa.
....
O aspecto mais importante de uma vida é como a pessoa passou seu tempo na Terra e como eles criaram um legado neste mundo.

Até que decifremos o "Código Físico do Tempo", este guia será o caminho que transforma uma vida agitada em uma vida digna de ser vivida.

Aqui estão os dois verdadeiros princípios do tempo:

> *Princípio 1: O tempo gasto trabalhando é medido em $ / hora.*
> *Princípio 2: O tempo gasto jogando é medido pelasatisfação*

Princípio 1:
Entendendo a otimização de tempo

A verdade é que o tempo livre está ligado diretamente a gastar mais tempo fazendo as coisas que você realmente ama. Portanto, a primeira lei no tempo é Otimização.

A otimização do tempo é a ferramenta mais básica, porém mais eficaz, para gerenciar uma vida recompensadora. Sem realmente entender como aplicar o tempo, ter 30 horas de tempo livre a cada semana não adiantará em nada . Este livro é o roteiro para um calendário melhor e, por sua vez, uma vida melhor.

O primeiro capítulo de assumir o controle do tempo é dedicado a compreender o tempo e aplicar sua primeira ferramenta para criar uma vida que é amada em vez de uma vida que é gasta. A principal lição no capítulo um é assumir o controle do tempo para que você possa abrir tempo para gastar como quiser.

A otimização de tempo é dividida em duas leis básicas que, quando aplicadas, liberam seu tempo para aumentar seu valor de $ / hora e encurtar seu dia de trabalho.

1. **A 1ª Lei da Otimização do Tempo:**

Tarefas simples devem ser automatizadas por software ou por repetição focalizada. Exemplos desses tipos de tarefas incluem trabalho físico sem sentido. Estas tarefas consistem em documentação, entrada de dados, lavar louça, limpar a casa, etc.

A Solução:

Sempre se concentre em realizar tarefas simples o mais rápido possível. Pesquise softwares e terceirize essas ações por meio de assistentes virtuais acessíveis. Se uma tarefa precisar ser feita individualmente, torne a tarefa um jogo, completando cada objetivo o mais rápido possível! Isso gera um pouco mais de paixão no fluxo de trabalho simples, ao mesmo tempo em que permite que você conclua tarefas simples com extrema rapidez, comparado a um fluxo de trabalho casual.

2. A 2ª Lei da Otimização do Tempo:

Usando o pensamento criativo para implementar soluções de economia de tempo para tarefas dinâmicas. O pensamento criativo é o verdadeiro assassino de uma agenda lotada. As tarefas que exigem pensamento criativo incluem redação, consolidação, tomada de decisão e criação de soluções sustentáveis.

As soluções:

Solução 1: O objetivo é decompor criativamente tarefas grandes, dinâmicas e complicadas em tarefas simples que podem ser concluídas sem pensar e depois de dividir essas tarefas, você pode adicioná-las às suas listas de tarefas simples. É uma necessidade dividir as tarefas em ações simples, para que você possa aplicar a primeira lei de otimização de tempo.

Solução 2: Use engenharia reversa para resolver problemas rapidamente. Ao treinar sua mente de maneira rápida e eficaz para gerar soluções para tarefas dinâmicas, você poderá liberar substancialmente seu fluxo de trabalho. A chave para esse fluxo de trabalho é visualizar sua experiência enquanto você conclui a tarefa e, em seguida, retroceder as ações realizadas para realizar a tarefa dinâmica de maneira rápida e eficaz. Essa solução pode levar um pouco mais de tempo para ser dominada, mas treinar constantemente sua mente para resolver tarefas rapidamente será o seu maior trunfo para o tempo de batalha.

Portanto, o primeiro capítulo aborda os dois primeiros princípios do tempo.

O primeiro aborda como concluir as tarefas rapidamente para ganhar o máximo de dinheiro o mais rápido possível. O segundo aborda como usar esse tempo livre.

Dominando um sistema de otimização de tempo:

Dominar a otimização do tempo é a base para assumir o controle do tempo. A habilidade permite que você assuma o controle do seu tempo para ganhar o controle da vida. Dizem que se você não construir o seu sonho, alguém te contrata para construir o dele.

O primeiro passo para realizar seus sonhos é retomar o controle do tempo. Por isso, há um sistema de otimização rápida que guiará você pelo caminho a seguir.

O sistema abaixo usa uma combinação de terceirização, concluindo tarefas o mais rápido possível, desenvolvendo um foco forte e eliminando distrações.

Mesmo que o sistema esteja repleto de enormes benefícios, o sistema de otimização de tempo é brilhantemente simples e fácil de aplicar e consiste em 5 etapas.

Como aplicar o 1º Princípio do Tempo

Etapa 1: Acompanhe o tempo gasto em cada ação específica.

- Ao identificar quanto tempo você gasta no fluxo de trabalho, você poderá entender como você passa o dia. Esta pode ser a primeira vez que você olha para as suas ações e as quebra de minuto a minuto. Olhando para as ações que você toma ao longo de sua vida diretamente você entrega seu roteiro pessoal para a vida.

Etapa 2: Identifique oportunidades em sua agenda para liberar tempo.
-Este passo é simplista, mas muito legal. Procure as oportunidades simples que

você tem para liberar tempo no seu dia de trabalho. Mapeie as ações realizadas e comece a consolidar as ações realizadas de maneira mais organizada. Quanto mais tempo você se concentrar em um assunto em uma única sessão, mais rápido você ficará nessa série de ações.

- Outra maneira de identificar oportunidades é encontrar maneiras criativas de gerar um fluxo de trabalho mais rápido. Veja as horas que você passou fazendo pausas e distrações ao longo dos e-mails, conversas com colegas de trabalho, etc. Uma ótima maneira de acelerar o dia de trabalho é por meio de foco ininterrupto. Tomar ações não interpretadas torna o dia de trabalho 5 vezes mais produtivo.

Etapa 3: crie soluções para todas as oportunidades.

-Brainstorm por cerca de 15 minutos sobre como completar objetivos diários e semanais o mais rápido possível. O Passo 2 deu algumas dicas e truques para criar soluções para liberar tempo, mas você só sabe as melhores maneiras de liberar seu tempo. Lembre-se de que você pode terceirizar uma grande quantidade de tarefas simples e bloquear o acesso ao seu e-mail e fechar a porta do escritório durante períodos de tempo específicos. Isso permitirá que você se torne mais produtivo.

-Outras oportunidades incluem ter uma empregada que vem limpar sua casa toda semana ou simplesmente tentar terminar os pratos em 3 minutos e limpar a cozinha em 10. Se você optar por terceirizar tarefas ou realizá-las você mesmo, é importante identificar a quantidade de tempo que você economiza, desafiando-se diretamente para realizar tarefas o mais rápido possível.

Passo 4: Aplique as 3 oportunidades que obtêm os resultados mais rápidos.

- Depois de ter terminado as soluções de brainstorming para liberar tempo em sua vida, escolha as três soluções que quase imediatamente liberam tempo para você e aplique-as. Isso irá recompensá-lo imediatamente por conscientemente tomar medidas para liberar mais tempo e sua vida. Ao ver resultados rápidos, você perceberá esse poder de controlar o tempo e disponibilizá-lo para que ele funcione para você.

Etapa 5: use o tempo livre da etapa quatro para aplicar a solução que libera mais tempo. Repita até que você fique sem soluções para se conectar à sua agenda.

- A etapa 4 inevitavelmente liberará uma boa quantidade de tempo que você provavelmente nunca teve antes, o que é maravilhoso. Mas os resultados realmente eficazes no Sistema de Otimização de Tempo vêm da etapa 5. As etapas anteriores permitiram medir onde você gastou seu tempo e quanto tempo você liberou até a etapa 4. A etapa 5 usa o tempo livre que você fez para liberar mais tempo e drasticamente liberar sua vida para que você possa gastar tempo realmente fazendo as coisas que você ama.

- Cada solução leva tempo para implementar. Aproveite o tempo que você liberou na etapa 4 para encontrar uma solução que caiba na janela de tempo que você liberou da quarta etapa. Escolha a solução que irá gerar o maior tempo livre após sua implementação e, em seguida, repensar seu tempo livre.

- Repita este passo medindo o seu novo tempo disponível e aplique a solução mais eficaz dentro dessa janela de tempo.

- Repita este sistema até o platô ficar sem soluções ou as soluções restantes estenderem sua janela de tempo.

Existe apenas uma regra para o sistema de otimização de tempo:

Depois de concluir o passo 4, nunca exceda o tempo de trabalho original.

Seu objetivo é economizar tempo no trabalho, não perder.

Um excelente exemplo:

Suas primeiras três soluções liberam imediatamente 1,5 horas de tempo em sua vida. Isso significa que a solução que você aplica no 5º passo não pode exceder e 1,5 horas. O objetivo é nunca trabalhar por mais tempo do que você originalmente fez antes de começar a aplicar o sistema.

Princípio 2: Gastar Tempo Livre Apaixonadamente

Agora que você liberou uma grande quantidade de tempo com o sistema de otimização de tempo, é hora de colocar todo esse trabalho inteligente que você fez para um bom uso!

Já foi dito que o presente do tempo é inestimável e até hoje é um dos recursos mais escassos da vida.

Uma ideia só pode ser aplicada se for gravada em pedra, sendo escrita em um calendário comprometido e tudo em seu calendário deve ser feito para assumir o controle do tempo. Isso inclui como você gasta seu tempo livre. Sem comprometer-se a gastar seu tempo livre desafiando a si mesmo e fazendo as coisas que você realmente ama, você nunca vai se motivar para viver uma vida plena e próspera. O tempo livre deve ser gasto criando lembranças maravilhosas e experiências gratificantes. Você vive apenas uma vez, por isso é importante passar o dia fazendo as coisas que você ama.

Você trabalha longe demais da sua vida e o tempo livre que você recebe é a maior recompensa que uma pessoa pode ter. Mesmo achando que todo mundo tem que trabalhar para ganhar a vida, toda pessoa que passa seu tempo livre depende inteiramente dele ou dela.

A maioria dosistema de otimização de tempo é gasta liberando tempo, mas é crucial gastar o tempo que você libera fazendo coisas que você ama.

A vida é curta e pode ser usada de duas maneiras.

1. Vivendo apaixonadamente
2. Gastando tempo.

Gastar tempo é o que ocorre no trabalho, mas o resto da vida pode ser gasto vivendo com paixão. Ao dominar seu $ / hr no trabalho, você libera sua vida para aventuras mais incríveis ganhando um aumento enquanto trabalha menos.

Mas o jogo real começa quando liberar tempo. Se você quer aprender um novo instrumento, viajar, aprender, explorar ou simplesmente relaxar e assistir a TV, ler algumas notícias ou jogar, a vida é um playground. O Segundo Princípio do Tempo afirma que é crucial passar o tempo livre vivendo uma vida que você ama. Sem cumprir seus sonhos e suas paixões na vida, você nunca se sentirá produtivo no trabalho, facilitando a folga durante o dia de trabalho, afetando diretamente o 1º Princípio do Tempo..

COMO APLICAR O 2º PRINCÍPIO DO TEMPO:

Pergunte a si mesmo o que você gosta de fazer. Brainstorm por 15 minutos a 1 hora por semana pensando nas melhores maneiras de preencher seu tempo. Também arranje tempo para imaginar um dia em que você viveu a vida sem restrições financeiras ou pessoais. Isso permitirá que sua mente seja livre e o ajudará a aprender sobre o que o impulsiona durante a semana de trabalho. Identifique os horários que você pode gastar em janelas gratuitas durante a semana de trabalho. Se você gosta de boliche, caminhadas, sair com os amigos, tocar violão. Tudo o que você sentir vontade de fazer com seu tempo livre e conectá-lo ao seu horário.

Apenas uma coisa faz uma ideia real.
É a aplicação dessa ideia.

Capítulo 2:

Acompanhando o tempo para Entender como você

Realmente valoriza sua vida

O que realmente importa na vida?

Há apenas uma quantidade finita de tempo na vida e todo dia pode ser o último. Lembrar que passar a vida fazendo o que você realmente ama será a única maneira de olhar para trás sem se arrepender do seu leito de morte. A verdade é que é melhor morrer depois de fazer o que você ama do que morrer em boas condições. Nunca sacrifique suas contas e sempre se certifique de que sua sobrevivência está garantida financeiramente. Mas a verdade é que, uma vez que tudo é dito e feito, não há mais nada a não ser como você viveu sua vida.

BronnieWareera uma enfermeira muito experiente que publicou o livro "Os cinco principais arrependimentos dos moribundos". Entender o que as pessoas refletem em seu leito de morte pode ser uma pedra angular em sua vida. Aqui estão os 5 principais arrependimentos que as pessoas expressaram após a morte.

1. Desejando ter tido a verdadeira coragem de enfrentar o que os outros esperavam na vida e viver uma vida que realmente amava e uma vida que era verdadeira para mim.
2. De tudo o que as pessoas refletiam antes de morrerem, esse arrependimento era conhecido como o mais frequente. Quando a vida de uma pessoa chega ao fim, eles refletem sobre quantos sonhos eles deixaram intocados e insatisfeitos. Era raro uma pessoa em seu leito de morte ter metade dos seus sonhos na vida. O maior fator desse arrependimento foi o fato de que eles optaram por não perseguir seus sonhos. "A saúde traz uma liberdade que poucos percebem, até que eles não a tenham mais."

3. Eu gostaria de não ter trabalhado toda a minha vida.

Esta é uma ocorrência incrivelmente comum em homens. Durante toda a sua vida, eles perderam ajudar a criar seus filhos e nunca realmente experimentaram a companhia de seus parceiros porque estavam muito presos ao trabalho. Sim, é incrivelmente importante pagar suas contas, mas às vezes é melhor trabalhar de maneira mais inteligente, não melhor. Se você realmente pretende passar a vida trabalhando, prepare-se para o impacto no momento em que perceber que o tempo acabou.

3. Eu gostaria de expressar meus sentimentos e lutar pelo meu direito de ser um indivíduo.

Este é outro testemunho de quão importante é o tempo. As pessoas sacrificam suas paixões, amores e sonhos para criar um ambiente mais pacífico. A razão pela qual esse arrependimento é tão importante para refletir é que as pessoas sentiram como se nunca tivessem se desenvolvido em que realmente acreditavam que poderiam ser e passaram suas vidas desenvolvendo a doença devido às emoções negativas reprimidas que carregavam dentro delas como resultado.

4. Eu gostaria de ter mantido meus melhores amigos

A vida fica incrivelmente agitada e às vezes até os melhores amigos se afastam devido à ocupação e à distância. É fácil deixar uma vida ocupada tomar conta de seus pensamentos e deixar que as amizades mais incríveis desapareçam ao longo dos anos. Infelizmente, as pessoas apreciam seus amigos muito mais do que esperavam em seu leito de morte no top 5 dos maiores arrependimentos da vida. É importante permanecer social e manter contato com as pessoas de quem você gosta, porque a vida sem elas nunca será tão grandiosa quanto a que é compartilhada com suas pessoas favoritas no mundo inteiro.

5. Eu desejo que eu me deixe viver mais feliz.

Não é grande surpresa que isso atinja a lista. Muitas pessoas tendem a esquecer o valor de viver uma vida feliz e amorosa. No momento em que o fim de uma vida chega, as pessoas percebem que a felicidade é realmente uma escolha. As pessoas ficam presas dentro de sua vida diária, seu ambiente e seus padrões habituais permitindo que suas mentes e suas vidas corram livremente. O resultado foi uma vida cheia de frustração e seriedade. Algumas das reflexões mais apreciadas de pessoas prestes a morrer estão rindo e trazendo sua alegria, curiosidade e seu filho interior.

Princípio 3: viver uma vida que é fiel a você mesmo
Princípio 4: Ações são resultados diretos de associações
Viver uma vida que é verdadeira para você é o maior trunfo depois que a sobrevivência é cuidada. Pessoas que viveram uma vida longa, consistentemente provam que isso é verdade em seu leito de morte, mas como nós realmente tomamos o controle do tempo para que possamos aplicá-lo para viver uma vida que amamos verdadeiramente?

A resposta é realmente muito mais simples do que você espera. O primeiro passo para tomar o controle do tempo é ver como você gasta o seu tempo.
Então, pelos próximos três dias (de preferência uma semana na sua segunda vez aplicando este livro), faça tudo normal e meça como você gasta sua vida.

É obrigatório continuar implementando o sistema de otimização de tempo do capítulo um durante suas horas de trabalho, mas ainda documentar todo o tempo gasto em um dia.

A parte crucial deste exercício é que você seja honesto com seu fluxo natural de vida. Conscientemente, orientar-se para agir será incrivelmente ineficaz, por isso certifique-se de que não pensa conscientemente sobre o que está a fazer a seguir.

Então, aqui está como medir seu tempo:

Passo 1: Open the clock in your smart phone and go to the stopwatch. When you wake up in the morning directly open the stopwatch and track your day. Track how much time you spend in the shower, how long it takes you to brush your teeth, to choose your clothes for the day and get dressed, all the way to how much time you spend talking to your family, spouse or roommates, and even how long it takes you to prepare and eat breakfast.

Passo 2: Documente essas ações e o tempo gasto em um aplicativo de documentação, como o Evernote, um bloco de notas pequeno (ou regular) ou um diário. Qualquer coisa serve. Acompanhe seu dia do início ao fim por três dias. Se você se encontrar controlando a cada 5 segundos e se tornar avassalador, rastreie um pouco menos e talvez acompanhe quanto tempo leva para se preparar, em vez de todas as ações que fizer entre elas.

* Você também pode passar um dia documentando detalhes minuciosos e

outro em rotinas. O mais importante é entender onde você gasta seu tempo porque entender como você gasta sua vida permite que você entenda o que é emocionalmente importante.

Passo 3: No final do terceiro dia ou durante o quarto dia, analise todas as suas ações. Avalie cada ação em alegria em uma escala de 1-10. Seja honesto com você mesmo. Se você for ao longo do seu dia principalmente com uns e dois, tudo bem! Essa medida não serve para determinar seu nível de felicidade ou seu personagem. É simplesmente uma medida que permite identificar onde você está na vida e passar mais tempo fazendo coisas que realmente ama.

A vida é agitada e é fácil entrar em uma rotina, então não se preocupe se seus resultados não forem perfeitos. Se você identificou que tem um baixo nível de aproveitamento por meio de uma série de ações, tem uma chance rara de aproveitar seu tempo e assumir o controle de sua vida!

Passo 4: Faça uma lista que agrupe tipos de ações como limpar a casa, preparar-se para o dia, assistir TV, dirigir, etc. Em seguida, faça uma lista separada que agrupe as ações que você gasta nos níveis de alegria. 1-3, 4-6, 7-10.

Passo 5: Use uma calculadora para calcular rapidamente como você gasta seu tempo nas duas listas. Acompanhar o seu tempo é a ferramenta mais poderosa da vida porque nos permite ter uma visão panorâmica da nossa vida

Passo 6: Reflita sobre como você gasta seu tempo para identificar espaço para melhorias. Veja algumas perguntas que você pode fazer para ajudá-lo a refletir. E um grande crédito vai para MindaZetlin*de um artigo que apareceu originalmente na Inc.com

---

* MindaZetlin- é uma escritora e palestrante de tecnologia de negócios, co-autora de The Geek Gap, e ex-presidente da Sociedade Americana de Jornalistas e Autores.

1. Onde estou gastando muito tempo?

Ao acompanhar quanto tempo você passa assistindo à TV, verificando seu e-mail, saindo com os entes queridos, é crucial identificar onde você acha que está gastando muito do seu tempo. Às vezes, moderar até mesmo suas coisas favoritas lhe permitirá levar a mais satisfação durante o tempo que você gasta com as coisas que você ama.

Um ótimo exemplo seria assistir televisão. Talvez você experimente um 7 para o seu nível de diversão, mas você tende a explorar novos filmes e programas de TV levando você a uma diversão de 4s e 5s em toda a sua experiência de televisão. Ao cortar a TV duas horas por dia, você basicamente corta 30 filmes por mês, mas libera 60 horas de sua vida. Isso soa como um sacrifício bastante extenso, mas a verdade é que, se você tiver menos tempo para assistir à TV, pesquisará mais ativamente programas e filmes, para ter certeza de aproveitar ao máximo sua experiência toda vez que assistir TV. Também é mais provável que você desligue a televisão, o que diminui seu prazer geral na vida, o que é maravilhoso.

Só você pode identificar onde está gastando muito tempo, porque toda vida é única. É por isso que ser honesto consigo mesmo é muito benéfico durante esse processo.Lembre-se de que você está tomando o controle do tempo antes que a vida passe por você e você esteja deitado no seu leito de morte. A vida desaparece se você não for cuidadoso.

2. Que tarefas e ações surpreendem você, tomando mais tempo do que o esperado?

Uma ótima maneira de colocar isso em perspectiva é verificar se você está gastando muito tempo em tarefas de baixo valor e baixa prioridade. Isso vai levar drasticamente a agendar sua agenda e, mesmo que pareça legal, agitando-se naquelas ações fáceis de fazer, deixa o

resto de sua programação no caos.Ou talvez você gaste uma hora extra nas redes sociais ou navegando pela internet sem perceber. Tudo o que você notar é um lugar perfeito para tomar nota para que você possa liberar sua agenda no futuro.
Isso conecta o sistema de otimização de tempo identificando maneiras de gastar mais tempo em tarefas de alta prioridade. Esses são projetos com os quais seus chefes interagem, participam ou um projeto que é importante para eles. Assegure-se de que você dedique seu tempo e energia aos momentos mais produtivos (normalmente no início do dia ou quando tiver poucas horas sem distrações.) A eliminação da duração e da perfeição das tarefas de baixa qualidade permitirá que você livre mais tempo para gastar em concluir ações mais gratificantes.

3. O que posso automatizar fora da minha agenda?
Entrega de tarefas é outra pista de volta ao Sistema de Otimização de Tempo, mas

é uma ferramenta de reflexão crucial quando você identifica oportunidades para liberar tempo.Não há substituição para delegar tarefas que tecnicamente não precisam ser feitas por você. Olhe para suas tarefas simples em um dia que você sabe que pode ser completado por outra pessoa e pegue um assistente virtual para terminar 3 horas de trabalho por US $ 15 ou você pode contratar uma empregada para limpar uma vez por semana para salvá-lo da limpeza profunda.Seja qual for o truque, faça um brainstorm sobre o que você pode fazer com seu orçamento para liberar seu tempo. Você vai se agradecer por isso pelo resto da sua vida. Outra maneira enorme de automatizar sua agenda seria preparar uma semana inteira de comida em uma hora. Isso permite que o café da manhã, almoço e jantar durante o resto da semana sejam incrivelmente rápidos, mas ainda deliciosos.

4. O que cria uma vida mais alegre?

É importante notar onde você encontra mais alegria no trabalho e no lazer. Identificar e observar onde suas paixões também apontam para pontos fortes e habilidades que você pode trazer para a mesa. Observe o que você mais gosta na vida e tente implementar suas paixões e habilidades em outras tarefas. Isso permitirá que você prospere em todas as tarefas e condições e até mesmo permita que você identifique tarefas de maior valor e a melhor maneira de gastar seu tempo livre assumindo novos hobbies ou criando novas formas de renda. Independentemente da sua situação atual, identificar a paixão leva diretamente à descoberta de uma habilidade oculta que você pode aplicar em toda a sua vida.Isso lhe dá mais controle de como você gasta seu tempo impactando diretamente em como você gasta sua vida.

5. O que eu não estou gastando tempo suficiente?

Se você percebeu que quer passar mais tempo fazendo coisas mais recompensadoras ou identificou uma tarefa ou ação que liberará tempo e criará uma semana de trabalho mais valiosa.A verdade é que o que você não está tomando medidas é tão importante quanto o quanto você está gastando seu tempo. É incrivelmente valioso entender como você deve mapear sua semana e sua vida.Às vezes, você percebe que não está passando tempo suficiente com sua família, enquanto outras vezes deve se concentrar em algo pessoal. Seja o que for que você perceba que está perdendo na vida, é importante, pelo menos, tomar nota disso para que você possa conectá-lo à medida que libera tempo.

Passo 7: Crie soluções para criar uma vida mais alegre.
Se você está vivendo em qualquer lugar de 1-8, pense em maneiras de aproveitar sua vida. Consistentemente tomar medidas para aumentar seus níveis de diversão ao longo das atividades permitirá que você crie um estado mental mais feliz e saudável, ao mesmo tempo em que o torna mais consciente do mundo ao seu redor.Por exemplo, se tomar um banho lhe dá um nível de satisfação de 1-2,

experimente tocar música, enviar mensagens para áreas apertadas em seu corpo ou até mesmo colocar um temporizador e fazer um banho com sais de banho calmantes para relaxar sua mente e liberar sua alma.Se você toca um instrumento, pense em aprender suas músicas favoritas ou entrar em uma banda para aumentar seu nível de diversão. Se você gosta de ler, comece um blog ou até mesmo um diário de todos os seus livros favoritos. Se você se sentir entediado, pense em pequenos jogos ou faça alguma música clássica para ajudá-lo a cruzar com um trabalho simples ou colocar uma reviravolta de uma maneira agradável para você agir. Seja qual for o caso, há sempre uma maneira de aumentar a alegria dentro de sua vida e, com o tempo, seu nível de felicidade será de ouro.

É importante conectar os 7 passos para medir o tempo por uma semana antes de passar para o próximo capítulo. Se você for deliberado e dedicar um tempo para aplicar esse sistema de sete etapas, você aumentará muito sua qualidade de vida geral e, ao mesmo tempo, liberará tempo para que você aja para guiar sua vida em um mundo com o qual sonha.Além disso, acompanhando o tempo e experimentando maneiras de aproveitar ainda mais a sua vida, você encontrará algumas epifanias incrivelmente úteis sobre si mesmo que poderão ser úteis ao longo do último capítulo deste livro.

Anime-se!

Capítulo 3:

Descobrindo um verdadeiro caminho na vida

Princípio 5: Você é o capitão de sua própria vida, então pegue seu navio.
Princípio 6: É mais fácil governar um império do que governar a si mesmo

Melhorando Rapidamente a Vida Aplicando uma Visão de 5 Anos

Os primeiros dois capítulos permitiram que você entendesse e se apossasse do sempre elusivo reino que chamamos de tempo. Até agora, você liberou uma grande quantidade de tempo em sua vida e você também aumentou sua qualidade de vida surpreendentemente bem e o que é ainda melhor é que todo o trabalho duro que você faz está prestes a colocar sua vida em mais de dirigir.

Como você refletiu e começou a tomar conta da sua agenda, você começou a entender como você gasta sua vida, assim como as coisas que você acha que são incrivelmente importantes para você. Você descobriu o que o enche de alegria e realização, além de como eliminar o tempo em sua vida que cria um prazer baixo.

O próximo passo em Assumir o Controle do Tempo é implementar uma visão de 5 anos para a sua vida que você possa conectar ao seu calendário para guiar o navio que você chama de vida através do vasto mar que leva ao seu destino.Este capítulo parece um pouco fora de lugar para um curso de gerenciamento de tempo, mas é crucial aplicar seu tempo para realizar seus maiores sonhos e paixões na vida.Sua visão de 5 anos é como usar um mapa de constelações estelares enquanto você está preso em um vasto oceano sem terra à vista. A única maneira de chegar aos destinos dos seus sonhos é garantir que você use as constelações adequadas para guiá-lo através do infinito mar da vida que lança um milhão de distrações para levá-lo para fora do curso enquanto você está a caminho do destino. de adquirir seus sonhos.

Então, sem mais delongas, veja como criar sua visão de cinco anos e como aplicá-la à sua vida para que você possa assumir o controle do tempo e criar uma vida repleta de sonhos, em vez de mil tarefas mais chatas.

Como criar uma visão de 5 anos
Criando uma visão de 5 anos parece que pode ser uma tarefa bastante assustadora. Há muita pressão para selar seu destino 5 anos antes de chegar, mas a vida é boa. Lembre-se que este é apenas um guia para o destino que você chama de uma vida melhor e que você pode visualizar e recriar sua visão de 5 anos diariamente, desde que você mantenha seus ingredientes-

chave na mistura em uma base consistente.

Veja sua visão de cinco anos para sua vida e identifique se você está no caminho certo para atingi-la. Se você não for, volte a verificar sua visão para ter certeza de que é algo que você realmente ama. Se for, isso é uma notícia maravilhosa! Tudo que você precisa é conectar o seu

Se você não tem um, você está com sorte! Se você está criando uma visão de cinco anos ou precisa de um pouco de renovação em sua visão atual para a vida, você está em uma jornada incrível. Veja uma maneira rápida de criar uma visão eficaz de cinco anos para sua vida.
Criando rapidamente uma visão de 5 anos para sua vida:

A vida é complicada e, embora os nossos principais objetivos se estendam ao longo dos anos, a nossa vida é composta de dias individuais, tornando a realização dos seus sonhos um pouco complicada. Imagine acordar em um dia perfeito sem limites. O objetivo é identificar o seu dia perfeito na vida. Ou em outras palavras, o que é apenas mais um dia normal para a sua vida de sonho?

Você está prestes a interpretar um filme em sua mente, mas antes de começar, é importante identificar sem limitações ou consequências para viver seu sonho. Lembre-se de que, para controlar o tempo, você precisa controlar sua vida e seus sonhos.Assegure-se de que sua visão de cinco anos seja verdadeiramente sua própria visão de 5 anos e não o que é esperado por você até o final de sua vida.

Para ajudar você a visualizar seu dia perfeito, é importante responder a uma série de perguntas sobre o seu dia e Frank Kern* faz as perguntas mais detalhadas já presenciadas para esse processo.

A chave é entender que quanto mais específico você é e mais vívida sua imaginação, mais profundos serão seus resultados. A primeira vez que fiz esse processo, preenchi 15 páginas de informações por meio dessas perguntas e adicionei alguns toques pessoais:

Pessoalmente, eu quebro as coisas hora após hora, depois de ter uma noção geral do meu dia perfeito, mas visualizo o que é mais natural durante o processo. Se algo aparecer em sua cabeça enquanto você está passando pelo processo, escreva a pergunta ou a ação abaixo.
Além disso, é melhor agir como se você estivesse criando seu destino para o resto da vida. Você terá muito tempo para mudar à medida que progride, mas é importante sentir que precisa viver esse dia que criou todos os dias pelo resto da vida.
Onde você mora?
Como é a sua casa?
Qual é a sua aparência física quando se olha no espelho?
Quão feliz você está?
Quão saudável você se sente?

Quando você acorda?
Qual é a primeira coisa que você faz?
Quais são seus primeiros pensamentos e palavras no dia?
Com quem você passa o dia?
Como você gasta o seu dia sem orçamento?
O que você pensa sobre cada ação?

------

* *Frank Kern* é famoso por ter criado alguma das campanhas com maior faturamento na história do mercado de infoprodutos do mundo.

....

Qual é a sua rotina matinal?
Como você se prepara para o dia?
O que você comeu no café da manhã, onde e você tomou café da manhã com alguém?
Depois do café da manhã, como você divide a primeira metade do seu dia e como você configuraria seu horário de trabalho?
O que você come no almoço e com quem você está almoçando?
Como sãoseus amigos?

Que conversas você desperta com seus amigos?

Qual é o seu propósito de vida pelo qual você está se esforçando e as ações que está tomando refletem o propósito de vida pelo qual você está se esforçando em cinco anos?

O que você faz pelo seu trabalho?

A que horas você começaria a trabalhar?

Como você passaria tempo no trabalho?

………………………………………..

Quais são seus relacionamentos com seu cônjuge e sua família?

Sobre o que você fala e porque você se ama?

Que coisas divertidas você faz acompanhada e como você preenche seu tempo juntos?

O que você ama em seu cônjuge e o que eles amam em você?

O que você tem para o jantar?

O que você comeu e com quem você comeu?

Que conversas você acendeu?

O que você faz para relaxar depois do jantar?

Como você passa a noite?
Com quem você passa a noite?
Onde você vai?
O que você faz para enrolar antes de dormir?
Quais são seus pensamentos quando você adormece?

....

Agora que você terminou seu exercício, provavelmente está percebendo que a vida é muito maior do que originalmente pensava quando começou o curso. Se a maneira como você gasta a sua vida durante o seu dia de sonho é drasticamente diferente do que você gasta no seu tempo hoje, tudo bem. Você fez muito progresso até agora; e a verdade é que, a menos que você tenha procurado ativamente seus sonhos através da visualização antes, é altamente impraticável estar remotamente perto do seu dia perfeito, e está tudo bem.

Este exercício permitiu que você identificasse verdadeiramente o que é importante para você. Separar completamente sua vida da limitação tem muitos benefícios poderosos, mas o uso mais prático para criar sua visão de 5 anos é ajudar você a identificar o que realmente ama e o que é verdadeiramente importante na vida.

Outra opção poderosa para criar seus 5 anos ocorre conectando aspectos de sua visualização em sua vida atual e usando a visão de 5 anos para construir uma ponte entre sua vida atual e sua vida de sonho.
Depois dessas dicas, você realmente começa a controlar o tempo para direcioná-lo para uma vida que você ama. Uma vez que você construa uma ponte entre o seu dia de sonho e o seu momento presente, o tempo se transforma de uma fera selvagem em uma pedra mansa para o seu destino.

Veja como realmente usar sua visão de cinco anos em Assumir o controle do tempo:

Capítulo 4: Aplicandosua visão de 5 anos
Como usar sua visão de 5 anos:

Existem 7 passos para aplicar sua visão de 5 anos para assumir o controle de sua vida.

Passo 1: Identifique as diferenças de como você gasta todos os aspectos do seu dia entre os dois

Lembre-se de como você se sente durante o seu dia perfeito.

Sinta as emoções e identifique verdadeiramente onde você amou gastando seu tempo durante um dia enviado dos céus.Acompanhe todo o seu tempo como você fez dentro do capítulo 2 e mais uma vez agrupe suas ações em dois grupos. O grupo um é o seu nível de satisfação de 1-3,2-6 e 7-10.O grupo está agrupando como você gasta seu tempo durante o trabalho e o tempo livre para obter uma verdadeira compreensão da vida.

Agora compare o seu dia atual com o dia dos seus sonhos e sinta a lacuna que existe em ter o controle do tempo.

Essa diferença direta é chamada de seu esquecimento no tempo.

Seu esquecimento do tempo é a desconexão ambiental e emocional que você tem atualmente em sua vida atual e sua visão de cinco anos.

Passo 2: Identifique as coisas que você pode mudar rapidamente para melhorar instantaneamente sua vida.
Ao analisar suas comparações entre o dia atual e o dia dos seus sonhos, é importante identificar onde você pode preencher a lacuna entre seu sonho e sua vida atual.

Um ótimo exemplo é se você gosta de assistir filmes, criar uma empresa de mídia para começar um blog. Se você gosta de música, crie um curso no seu instrumento favorito. Se você ama um assunto, comece a compartilhar informações e torne-se um professor.

O que você pode fazer para preencher seu esquecimento, é importante adicionar ação imediata às coisas que você ama. É típico que seu dia de sonho coincida com suas atividades favoritas durante o dia atual.Se vocênão tem links, isso é bom. Apenas elimine o que não é importante na sua visão de 5 anos. Pode parecer difícil, mas a verdade é que cortar o que não está em sua visão deixará diretamente espaço para cumprir sua visão de cinco anos.

Se você se esforçar para encontrar tempo, imagine-se quando estiver mais velho e visualize que está no seu leito de morte. Você se arrependeria de viver sua vida exatamente como era hoje pelo resto da sua vida?Você gostaria que tivesse aproveitado este momento para viver uma vida que amava de verdade ou ficaria satisfeito se vivesse hoje e nos últimos trinta dias pelo resto da vida?

Passo 3: Faça engenharia reversa do seu objetivo de 5 anos até o seu dia atual e divida-o em ações semanais simples do início ao fim e acompanhe seu progresso. Intensamente documentar o processo de engenharia reversa.

Olhe para o seu dia dos sonhos. Agora imagine que você está indo para a cama e refletindo sobre o caminho do dia dos seus sonhos, mas comece com o dia perfeito em sua imaginação e faça um filme em sua mente de sua jornada até o seu dia atual.

A primeira vez que você fizer isso, será impressionante, mas é um processo importante para assumir o controle do tempo. Sem construir uma ponte entre o dia dos seus sonhos e o dia atual, seus sonhos sempre permanecerão assim. Euinventosuaimaginação.
 Como você está cruzando para trás no tempo do seu dia de sonho, certifique-se de documentar cada ação que você tomou que aparece em sua cabeça. Agora,

observe os principais marcos que você realizou e a que horas você fez isso. Isso permitirá que você tenha uma compreensão incrível de como construir sua agenda nos próximos anos e o caminho que o levará diretamente a uma vida que você realmente ama.

Passo 4: Conecte sua visão de 5 anos em sua agenda atual.
É aqui que você cria sua ponte no Grand Canyonque chamamos de vida. Sem uma ponte, você pode passar o resto da sua vida tentando passar por condições intensas e encontrar uma saída para um labirinto sem fim.

Descubra o que está faltando em sua vida. Quais ações você não está tomando? Como você não está gastando seu tempo corretamente? Olhe para as comparações entre os dois horários e veja onde você deve usar determinados intervalos de tempo para melhorar sua vida atual. Se você passar tempo com a família durante partes do dia, coloque-a em sua agenda.

Nós tendemos a acreditar que temos obrigações dentro de nossas vidas, mas a verdade é que nós realmente não temos. Temos uma obrigação para conosco e uma vida humana vale o que uma pessoa faz.

Construa um cronograma hipotético sobre o que o levará diretamente à sua visão de 5 anos. Lembre-se de que quanto mais ação você tomar para realizar sua visão de 5 anos, mais dinâmica sua nave terá ao cruzar as infinitas oportunidades que encontramos ao longo da vida.
O objetivo é uma programação ideal para a sua semana atual e, em seguida, para as próximas três semanas. Embora você esteja trabalhando muito para construir a base da sua casa em cinco anos, você fará um pouco mais de esforço para garantir que suas fundações sejam fortes. Depois de implementar esses sistemas, sua vida será bem relaxante.

Mas antes de você entrar no seu destino, você tem que planejar sua viagem adequadamente para garantir que nada dê errado.

Certifique-se de escrever uma programação mensal que leva diretamente ao seu destino, permitindo que você pague suas contas. Às vezes, torna-se impossível implementar tudo na programação ideal, mas um ótimo exemplo é se você tiver que levar uma criança para praticar, se divertir com seu filho durante a viagem e usar o tempo na prática sentado no carro para levar tempo para construa seus Sonhos. Se você está documentando dentro de seu diário, medindo o progresso em direção à sua vida de sonho ou simplesmente dedicando tempo a si mesmo fazendo algo que realmente ama e que ocorreu no dia dos seus sonhos.

Passo 5: Identifique seus principais obstáculos ao conectar sua visão de 5 anos.

Todos na vida encontram obstáculos em seu caminho para seus sonhos. Nenhuma jornada é perfeita, por isso é importante entender como lidar com os obstáculos do tempo onde quer que você os encontre.

O objetivo é ligar o dia dos seus sonhos onde você puder. Existem algumas atividades que você pode eliminar da sua vida atual e outras que você não pode. Cabe a você descobrir como gerenciar seus sonhos para poder aplicá-los quando e onde for apropriado.

A parte perfeita sobre como aplicar o seu dia de sonho é que ele representa todos os aspectos da sua vida. Se você sentir que algo está faltando em seus sonhos, adicione-os e certifique-se de que eles se sintam certos ao analisar sua visualização.

Tudo o que é preciso é um pouco de prática, mas agir todos os dias em direção a sua vida sonhos e objetivos resultará diretamente em você percebê-los ao longo do tempo.

Lembre-se de que é fácil acompanhar as coisas quando a vida está indo bem, mas os resultados reais da vida surgem quando as coisas ficam difíceis. Cabe a você superar tempos difíceis em toda a sua vida e permanecer fiel à sua vida e ao que você ama.

Passo 6: Crie soluções para garantir que você tome medidas em sua visão de 5 anos.

À medida que você passa pelo primeiro mês de experiências com sua nova forma de dirigir a vida, é importante entender que encontrará situações que interferem diretamente no dia dos seus sonhos.

A única maneira de conquistar esses testes ao assumir o controle de sua vida é ser perspicaz e identificá-los à medida que eles surgem consistentemente. Sempre que você não está fazendo algo que leva diretamente ao seu dia de sonho, é muito importante documentá-lo completamente.

Pergunte a simesmo:
Por que essa situação surgiu?
Com que frequência isso ocorre?
Quais são suas reações emocionais ao obstáculo?
Que impacto o obstáculo cria em perceber o destino que você colocou para si mesmo em sua visão de 5 anos?

Além disso, identifique as horas que você gasta e mergulha em outros aspectos do seu dia atual.
Pergunte a si mesmo:
Eu estou gastando mais tempo do que eu planejei para isso?
O tempo que eu sacrifico me enche de um alto nível de amor, realização ou prazer?
Preciso liberar mais tempo na minha agenda para essa atividade nos dias em que tenho mais tempo na minha vida? (Um bom exemplo é a configuração de grandes janelas de tempo algumas vezes por mês para garantir que você cumpra sua felicidade. Isso permitirá que você melhore a atividade durante a semana.)

Lembre-se, o objetivo é, com o tempo, eliminar ações, atividades e desperdícios de tempo que bloqueiam diretamente seu dia perfeito. Se você notar que está atrasado no trabalho, programe um dia em que passe mais 4 ou 5 horas no trabalho e programe-se para passar o resto da semana amando a vida.

Seja o que for preciso, é importante fazê-lo para que você tenha uma qualidade de vida mais consistente. Lembre-se de agendar um horário extra para o trabalho durante períodos que não sacrifiquem seus relacionamentos pessoais no dia perfeito. Por exemplo: Nunca cancele uma aula de dança ou um encontro com seu cônjuge ou não mostre para seu recital, jogo ou horário familiar favorito. Escolhauma data diferente.

Quanto melhor você conseguir equilibrar o dia a dia, mais vento você colocará atrás de suas velas em direção ao seu destino.

Passo 7: Negociar com você mesmo, seus amigos e sua família para adquirir sua visão de 5 anos.

Negociar sua visão de 5 anos é uma pedra angular para alcançar o seu dia perfeito.
    Sem capinar os bloqueadores emocionais que surgirão em seu caminho de transformar sua agenda, assumir o controle do tempo e conquistar sua vida, você terá muito menos probabilidade de realizá-la.

Capítulo 5:
A Arte Simplista da Negociação
O simplista
Arte de Negociação:
1. Negociando consigo mesmo.

Reis ao longo do tempo expressaram o termo:
"É muito mais fácil controlar um reino do que controlar o próprio eu."

Negociar e dominar suas emoções, bem como suas ações, são possivelmente os aspectos mais desafiadores da vida, por isso é importante estar armado com ferramentas que orientarão consistentemente sua vida na direção certa em sua jornada para o paraíso.
Enquanto dominar a si mesmo pode ser uma jornada de longa vida ...

Existem três ferramentas que você pode usar para dominar a si mesmo.

1. Identificando Conflito Interno.

Esta ferramenta tem sido muito usada em Assumir o controle do tempo. Até agora, você provavelmente está ficando muito bom em dominar a arte da reflexão e é uma ótima notícia!

Depois de tomar posse de sua vida de sonho e construir sua ponte para sua visão de cinco anos, você perceberá rapidamente durante o primeiro mês que a única pessoa que está parando você é você mesmo. É importante documentar os horários em que você está adiando alguns aspectos do seu dia perfeito.

Depois de começar a identificar problemas e obstáculos que surgem, a única pessoa que pode superar e resolver isso é você.

The first step to solving your personal obstacles is to reflect and discover why they are actually happening.

Quando os obstáculos do tempo continuam a acontecer dentro do seu ambiente, é fácil culpar as coisas fora do seu controle.

Mas a verdade é que, quando os obstáculos continuam aparecendo durante situações específicas, isso significa que você não resolveu um conflito interno que você tem consigo mesmo.

2. Resolver Conflito Interno.

Uma ótima maneira de resolver conflitos internos é escrevendo as emoções que surgem quando há obstáculos que impedem que você atravesse sua ponte ao longo da vida. Se você mergulhar fundo em escrever como se sente em relação aos obstáculos, você descobrirá uma pepita de ouro que ajudará a resolver seu problema.

Obstáculos geralmente são apoiados por um dos 6 medos que as pessoas têm na vida ou dentro das seis necessidades básicas do ser humano.

Esses medos foram originalmente trazidos à luz no livro "ThinkandGrowRich"Pense e Enriqueça, também traduzido como Quem pensa enriquece, de Napoleon Hill
1. O medo da pobreza
2. O medo da crítica
3. O medo de problemas de saúde
4. O medo da perda do amor / de alguém
5. O medo da velhice
6. O medo da morte

As 6 necessidades humanas básicas foram sabidas para ter sido trazidas à vida por Tony Robbins, um estrategista, escritor e palestrante motivacional estadounidense.**Aqui estão listados abaixo.**
1. Certeza
2. Variedade
3. Significado/sentido
4. Amor e Conexão
5. Crescimento
6. Contribuição

Se você se surpreender com o fato de continuar sendo sabotado no dia-a-dia, descobrirá rapidamente que tem um conflito interno com um medo básico ou com uma necessidade básica maior do que 5de crescimento na hierarquia. Navegar por estas emoções e criar uma solução que proteja o seu medo básico ou as necessidades humanas, irá rapidamente permitir-lhe ultrapassar os maiores obstáculos que encontra no seu caminho para a sua visão de 5 anos.

Toda vez que surgem obstáculos, escrever as emoções que surgem é incrivelmente benéfico.
Identificar o medo ou a necessidade que está conduzindo você e, em seguida, negociar com a emoção enquanto cria uma solução que protegerá as emoções mais poderosas dentro de você permitirá drasticamente que você transforme seus maiores desafios em seus maiores sucessos na vida.

Se você ainda tiver problemas que ocorrem depois de negociar seu conflito interno, a próxima ferramenta ajudará você a superar seus maiores desafios.

3. As Leis da Associação.

A lei da associação é inata dentro da humanidade.

Cada ação que você realiza, pensa que pensa e sente a emoção está diretamente ligada à maneira como você associa seu momento presente a um profundo conflito interno que pode levar anos para ser descoberto. Infelizmente, como pessoas ocupadas em uma vida que pisca em um piscar de olhos, não temos o luxo de esperar pacientemente para eliminar essas emoções profundas durante o uso e depois negociar com elas.

Embora a negociação seja mais eficaz após a primeira aplicação, as associações são um hack perfeito para usar as emoções de maneira rápida e consistente.

Esta estratégia de associação é altamente eficaz na produção de resultados rápidos que permitirão manter viva e bem a sua visão de 5 anos.

Veja como funciona:

1. Quando você encontra constantemente um problema que afeta a alegria, a felicidade e a eficácia de sua agenda e de sua vida. Descubra por que você continua encontrando esse problema. Os seres humanos são guiados pelo medo e pelo conforto, mas é importante lembrar que as pessoas tendem a ser duas vezes mais influenciadas pelo medo do que por quaisquer benefícios.
2. Depois de entender o que as emoções negativas estão criando seus obstáculos, negocie novamente com ele.
3. Depois, use o que você puder pensar para tornar sua emoção negativa pouco atraente e repulsiva para você. A maneira mais eficaz de fazer isso é fazendo com que a emoção que lhe dá problemas pareça estar perigosamente levando sua vida a exatamente o que a

emoção negativa está tentando evitar. Em seguida, pinte um quadro grosseiro de lixo fedorento e cocô com cheiro terrível para incorporar ainda mais o quanto a emoção é ruim.
4. Quando terminar de tocar na emoção negativa, reflita sobre quão maravilhosa é a ação que você está fazendo. Lembre-se, como você se sentiu e sua visão de 5 anos e dê às emoções positivas um pouco de brilho extra. Lembre-se de que você está tentando sabotar suas emoções negativas por meio de negociação e fixando-as contra si mesmas, ao mesmo tempo em que torna a ação mais atraente.
5. Repita o processo quando ele aparecer. Eventualmente, através da persistência e da associação, o seu subconsciente encontrará uma maneira de trabalhar e proteger seus medos e necessidades básicas, ao mesmo tempo em que permite que você preencha sua vida com as coisas pelas quais você é

verdadeiramente apaixonado e feliz de fazer.

Usando esta estratégia de negociação pode demorar um pouco, mas se você ficar focado em tomar o controle do seu tempo, resolvendo seus conflitos internos lhe permitirá cumprir o seu dia perfeito e criar uma vida que você realmente ama.

Por último, mas não menos importante, é hora de negociar sua visão de cinco anos e seu novo calendário com seus entes queridos.

Negociando com seus entes queridos.

Entre em todas as "negociações" com planos específicos para melhorar o seu relacionamento com as pessoas que são importantes dentro dos seus dias perfeitos e até mesmo as pessoas que não estão dentro do seu dia perfeito.

Apresentar adequadamente uma visão de longo prazo pode ser muito complicado, então pare, pense e seja honesto com seus sonhos e com a sua frustração com sua vida atual. Sente-se e apresente adequadamente os aspectos do plano que são importantes para cada pessoa e como você está tentando tornar a vida mais maravilhosa agora, mas como você escolheu construir um futuro de longo prazo para seus sonhos em metas dentro da vida.

É importante explicar a eles os sacrifícios que você fará, como você está construindo sua programação e como os resultados a longo prazo os afetarão de maneira positiva. Quanto mais pessoas você embarcar que ocorrem durante o dia dos seus sonhos, maior a probabilidade de você realizar seu dia de sonho mais rapidamente do que esperava.

Embora qualquer homem ou mulher possa ser um lobo solitário, é importante ter o apoio do seu ambiente. Torna-se especialmente importante quando você inclui outros dentro de um plano de longo prazo.

Com o tempo, você descobrirá que as pessoas abandonam sua visão de cinco anos, mas que seu dia é simplesmente perfeito.

Nunca tenha medo de apresentar seu plano na vida. Este é o seu destino e sua vida. Se você alguma vez questionar ou ficar tímido, imagine-se à medida que envelhece e está no seu leito de morte e toda a sua vida passou exatamente por você do mesmo jeito que era antes para começar a tomar o controle do seu tempo. Se você está cheio de arrependimento, não desista. Tenha a coragem de defender seu direito de cumprir seu propósito e seu próprio destino.

Se as pessoas não apoiam você ou tentam impedi-lo de viver uma vida que você realmente ama, elas não desejam verdadeiramente o melhor para o seu amor e felicidade. É importante lembrar disso a longo prazo.

Você pode ter obrigações na vida que pretende cumprir, mas esta também é a sua vida. Cabe a você criar seu roteiro para o paraíso, porque, se você não seguir adiante, o tempo se tornará um implacável animal voraz que matará seus sonhos, amor e paixões na vida.

Tenha cuidado para lembrar por que você pegou este livro em primeiro lugar. Este é o lugar onde as coisas ficam difíceis e não seguindo através de selar para sempre o seu destino. Só você pode controlar o tempo e é por isso que esse processo é tão difícil.

Lembre-se de que tecer através de si mesmo e se comunicar com seus entes queridos é muito difícil. Pode surpreender o quanto as pessoas que você chama de amigos e familiares realmente influenciam você.

Não há problema em ter medo de trazer seus sonhos ainda "frágeis" para a mesa com as pessoas com quem você ama passar sua vida.

Também é importante entender que, se você tem amigos ou familiares que não estão dentro de sua visão de cinco anos, é melhor não informar suas metas imediatamente.

Todo mundo adora te dizer como viver e controlar sua vida e quanto mais pessoas souberem para onde você está indo, mais elas tentarão puxar sua nave em caminhos diferentes.

Se você disser às pessoas que não estão incluídas no seu dia perfeito mais sobre seus planos, os atuais marinheiros da sua vida não ficarão satisfeitos em saber que eles serão deixados em breve.

Antes que você perceba, você terá um motim em suas mãos!
Uma conclusão para o tempo:
Este mundo é cheio de beleza e maravilha, mas só você pode se guiar para todas as coisas incríveis que o nosso mundo tem para oferecer. Ao assumir o controle do

tempo, você se dá o poder de viver uma vida pela qual realmente é apaixonado e realizar os sonhos que merece cumprir.

Assumir o controle do tempo pode ser difícil de aplicar e dominar no tempo devido à quantidade de ações necessárias e ao tempo necessário para obter um bom andamento das técnicas.

Mas a verdade é que, se você puder ler este livro, você tem a capacidade de assumir o controle do tempo e da sua vida, para que possa eliminar a quantidade infinita de desafios que surgem em seu caminho todos os dias.

Assumir o controle do tempo é muito mais do que simplesmente liberar sua agenda. Está tomando o tempo para entender a natureza humana, então você vive uma vida linda em vez de uma vida agitada.

Quando as coisas ficarem difíceis, e vai, imagine-se em seu leito de morte como seu mais velho. Sinta-se realmente como

se você fosse morrer e imagine se você viveu sua vida antes de começar a tomar o controle do tempo. Lembre-se de que seus arrependimentos seriam se você deixasse a vida passar por você e imaginasse a incrível vida que você terá se imaginar no seu leito de morte em uma vida que você cumpriu sua visão de 5 anos. Lembre-se sempre desse sentimento quando as coisas ficam difíceis, porque a vida vai atirar a sua cozinha 100 vezes antes de atingir a sua visão de 5 anos e lembrar...
Só você para viver o seu dia perfeito.

Parte 2

INTRODUÇÃO

Gestão do Tempo define-sesimplesmentecomo a capacidade de ter um maior controlo do seu tempo para o usar de modo mais eficiente.O objetivo da gestão eficaz do tempo é portanto aumentar a sua produtividade tanto no trabalho como na sua vida pessoal.

Podepensar que tudo o que precisa fazer é reservarumas duas horas extra em cada dia, ou minimizar distrações, para que tudo se concretize, mas gestão do tempo é muito mais do que isso.

Se estabeleceu objetivos ou tarefas que precisa de concretizar para si próprio, mas concluiu que é muitíssimo difícil arranjar tempo suficiente para atingir estas metas, então este e-book é perfeito para si.

Gestão de tempo aplica-se tanto a atividades laborais, como de carizpessoal. E tem a finalidade de usar uma combinação única de métodos e ferramentas, para se certificar que cumpre os objetivos dentro do prazo. Referindo apenas uma pequena mão cheia de coisas diferentes abordadas, este e-book inclui:

Como estabelecer as suas prioridades adequadamente
Como preparar um ambiente favorável para a gestão do tempo para si
Como estabelecerprazos limite para si próprio e definir incentivosque vão ao encontro desses prazos
Como minimizar distrações no seu dia-a-dia.

A verdade é que conhecer as técnicasque lhe permitem gerir o seu tempo apropriadamente pode ser das técnicasmais valiosas que vai aprender em toda a sua vida. Vai ajudá-lo, não apenasa concretizar mais no seu local de trabalho, permitindo-lhe melhorar o seu desempenho, e arrecadar mais dinheiro mas também, pode ajudá-lo a viver uma vida mais satisfatória enquanto aprende a minimizar distrações e fazer com que seempenhe mais e mais a cada dia.

Há pouco mencionámos que a gestão do tempo é mais complexa do que apenas reservar algumas horas extra e minimizar distrações. Portanto, para entender verdadeiramente o que é a gestão do tempo e tudo o queenvolve, temos que a definir adequadamente antes de continuar.

Passo 1: O Que é Gestão Do Tempo?

Tal como referimos na primeira parte da introdução, gestão do tempo é simplesmente definida como a capacidade de ter maior controlo sobre o seu tempo, de modo a usá-lo de forma mais eficiente.

Há vários benefícios em gerir o seu tempo convenientemente, tais como:

Sentir-se menos stressado
Ser mais produtivo no trabalho
Atingir metas e objetivos dentro dos prazos definidos
Encontrar mais oportunidades, tanto no seu trabalho como na sua vida pessoal
Uma reputação geral melhor

Por outro lado, também há várias consequências de não gerir o seu tempo apropriadamente, tais como:

Falhar prazos de objetivos repetidamente
Sofrer mais stress
Fraca reputação

Encontrar menos oportunidades
Qualidade mais reduzida de trabalho

Se simplesmente reservar algum tempo (trocadilho intencional) para aprender sobre as melhores técnicas de gestão do tempo existentes, que já deram provas de que funcionam para muitas outras pessoas, então estará capacitado para experienciar cada benefício que foi listado, e simultaneamente evitar qualquer uma das consequências.

Apesar de um dia ter 24 horas, para muitos de nós pode parecer insuficiente para fazer o que é necessário. No entanto, as pessoas mais bem sucedidas do mundo tendem a discordar disto. Como é possível que algumas pessoas consigam ter mais coisas feitas num período de 24 horas do que outras? Tudo se resume a como cada um gere essas 24h.

Essas 24 horas têm que ser divididas entre numerosas tarefas, incluindo trabalhar, comer dormir, comer, realizar tarefas, tempos de descanso ou pausa, entre outras. Aqueles que conseguem concretizar mais tarefas diariamente são apenas capazes de dividir esse tempo de modo mais eficiente. Este livro, e a gestão do tempo em geral, têm tudo a ver com como dividir melhor o seu tempo do modo mais eficiente.

Todas as pessoas têm uma agenda diferente e, por esta razão, não existe uma fórmula universal de como se devem dividir as 24 horas de modo a concretizar o máximo possível diariamente, sobretudo se se encontrar continuamente sobre uma forte pressão e um grande *stress*.

Mas o que pode fazer é aprender boas técnicas de gestão do tempo, e é esta a nossa finalidade: Passar cada segundo do seu dia em todos os dias da sua vida a tentar atingir múltiplos objetivos e finalizar diferentes tarefas de uma vez, só vai resultar em alcançar cada vez menos. Isso é praticamente garantido.

Tendo isto em conta, se fosse possível resumirmos gestão do tempo em apenas uma frase significativa, seria esta:

Gestão do tempo não tem a ver com trabalhar mais arduamente, mas sim de modo mais inteligente.

Parece bastante fácil, não é verdade? Bem, se realmente fosse assim tão fácil, a existência deste livro não faria qualquer sentido. Para trabalhar de modo mais inteligente, há que distinguir efetivamente as tarefas que requerem a nossa atenção urgente, das que ainda que sejam importantes, não terão consequências graves se não forem realizadas de imediato.

Então, foque-se nas tarefas urgentes primeiro, antes de começar as tarefas que podem esperar. De outro modo, vai dar por si sobrecarregado por tentar alcançar demasiadas coisas simultaneamente. Contrariamente ao que muitas pessoas dizem, ser multitarefa não é o melhor caminho a seguir.

Antes de seguirmos para o segundo passo, vamos debruçar-nos sobre o exemplo de algo que requer atenção imediata em oposição a algo que pode esperar. Um exemplo de algo a que tem que prestar atenção imediata é atender uma chamada telefónica. Se alguém está a tentar contatar consigo, tem que atender o telefone para falar com essa pessoa.

Em oposição a isto, verificar os seus e-mails não necessita da sua atenção imediata. Sim, é importante que o faça para poder responder a quem estiver a tentar contactá-lo por esse meio, mas não requer que interrompa qualquer tarefa urgente que esteja a tentar completar para os verificar. Ser multitarefa, neste caso, seria falar ao telefone enquanto verifica os seus e-mails, mas é uma má ideia, pois estará distraído/a com os seus e-mails e não vai ouvir quem quer que seja que está a falar consigo ao telefone, ou vice-versa.

Deve discriminar quais as tarefas importantes que necessitam da sua atenção urgentemente e quais as tarefa que embora sejam tarefas importantes não terão consequências graves se não se dedicar a elas imediatamente. Se conseguir fazer isto, estará muito melhor preparado para os restantes nove passos deste e-book.

Passo 2: Estabelecer As Suas Prioridades Corretamente

Para gerir corretamente o seu tempo, inevitavelmente, terá que definir as suas prioridades corretamente. Logo que tenha determinado quais são as suas prioridades, então conseguirá organizar o seu tempo em torno dessas tarefas. Neste passo vamos fornecer-lhe cinco dicas diferentes que pode usar para definir essas prioridades:

DICA #1 – ANOTAR O QUE É MAIS IMPORTANTE PARA SI

Obviamente trabalho será algo que vai ter que escrever, porque será a única maneira de realmente ganhar a vida. Mas lembre-se que, a gestão do tempo engloba muito mais do que a sua vida à secretária, também engloba a sua vida pessoal, o tempo despendido coma família, o tempo que dispensa aos seus *hobbies*, e outros. Portanto, neste passo, concentre-se apenas nas coisas que são mais importantes para si.Devem ser coisas importantes, mas também coisas que não são urgentes.

DICA #2 – ESCREVER AS COISAS URGENTES QUE FAZ EM CADA DIA

Numa nova lista, escreva as tarefas urgentes que faz diariamente. Por exemplo apanhar o autocarro para ir trabalhar, fazer e tomaro pequeno-almoço, ir buscar as crianças à escola, entre outras. Estas são o tipo de coisas que não são necessariamente importantes para si, do ponto de vista de como deseja viver a sua vida, mas são necessidades urgentes às quais terá que destinar tempodo seu dia, e normalmente num horário apertado sistematicamente.

DICA #3 – ANOTE AS TAREFAS DESORDENADAS, QUE NÃO SÃO URGENTES NEM IMPORTANTES

Este é o tipo de coisas que pode dar por si a fazer todos os dias, mas que não são nem especialmente importantes nem requerem a sua atenção imediata e de que se pode desocupar. Vai descobrir que ao limpar este tipo de atividades, vai criar muito mais espaço para dedicar a coisas mais importantes que escreveu na sua primeira lista. Exemplos de atividades que preenchem esta lista são: verificar as redes sociais e a sua caixa de e-mail regularmente (deve verificar ambos, mas nenhum de ambos constantemente), ou atividades que podem ser delegadas para outra pessoa (como um assistente ou secretário/a fazer chapadas ou pagar contas por si).

DICA #4 – AGENDAR UMA SEMANA DE TESTE DE BOA GESTÃO DO TEMPO

Com a informação que adquiriu nas três dicas anteriores, agora tem uma lista das coisas que são mais importantes para si, mas que não são urgentes, das tarefas que são urgentes de realizar e terminar, e das que não são urgentes nem importantes. Agora agende a semana de teste, para aplicar o melhor das suas capacidades, para cumprir todas as tarefas urgentes, reserve tempo diariamente para trabalhar as coisas que para si são importantes, mas que não são urgentes, e isto minimiza as coisas que não são urgentes nem importantes.

Quando a semana terminar, faça a revisão que achar adequada, se é melhor organizar as coisas, e decida que atividades necessita manter e quais as que precisa de libertar, e assim sucessivamente.

DICA #5 – PRATIQUE A PACIÊNCIA

O objetivo principal geral deste capítulo é dar uma ideia do aspeto que o seu dia-a-dia vai passar a ter, em oposição ao aspeto que tem atualmente. sendo a principal diferença que, agora tem a capacidade de organizar melhor o seu tempo em torno das coisas que são importantes, das que são urgentes, e das que não são importantes nem urgentes. O resultado será, as ações do seu dia-a-dia passarem agora a ser orientadas em torno do que realmente é mais importante para si, e será possível permitir-se explorar o seu potencial de formas que antes não conseguia.

Passo 3: Estabelecer prazos de Execução Baseados Nas Suas Prioridades

Logo que tenha identificado adequadamente as suas prioridades importantes e as prioridades urgentes com base nas dicas do último passo, o próximo passo é estabelecer prazos de execução, que vão permitir que torne essas prioridades numa realidade.

Enquanto muitas pessoas certamente reconhecem o valor em estabelecer prazos de execução, muito menos pessoas têm a capacidade de estabelecer prazos alcançáveis. Pela simples razão que muitas pessoas cometem erros quando tentam estabelecer prazos.

Os prazos são importantes para gerir o seu tempo, porque eles determinam extensamente quanto tempo dedicará a certas tarefas, especialmente a tarefas que são importantes, mas que não são necessariamente urgentes.

A boa notícia é que se for capaz de evitar os erros que vamos abordar neste capítulo, será capaz de estabelecer prazos de execução alcançáveis, e tornar as suas prioridades numa realidade. O resultado a longo prazo disto é, claro, aumento de produtividade generalizado:

ERRO #1 – ESTABELECER PRAZOS DEMASIADO DIFÍCEIS

Muitas pessoas gostam de pensar em si próprias como super-heróis que conseguem concretizar muito mais do que conseguem realisticamente. É por esta razão que deve evitar a todo o custo estabelecer prazos de execução muito difíceis ou extremos.

Há um número incontável de cenários a que este erro se aplica, mas a melhor maneira de se certificar que os seus prazos são realistas em vez de extremos é optar por uma meta global (tal como, completar um projeto de trabalho), e então, em vez de dizer a si próprio que vai atingir aquela meta dentro de um período de dias específico (um dia, três dias, uma semana, ou seja o que for), subdividir essa meta para que cada prazo acumule, não mais do que 20% do prazo da meta completa.

Isto significa que, idealmente deve ter cerca de cinco prazos de execução que precise alcançar antes de conseguir cumprir a meta global (apesar de projetos de maior dimensão necessitarem de mais prazos).

ERRO #2 – OS SEUS PRAZOS DE EXECUÇÃO SÃO LONGOS EM VEZ DE SEREM CURTOS

Este tem ligação direta com o erro anterior. Cada prazo estabelecido deve ser de, no máximo, dois dias. Um prazo de um dia é melhor porque não há nada mais motivador, que algo que se tem que terminar no dia seguinte.

ERRO #3 – NÃO ESCREVE OS SEUS PRAZOS DE EXECUÇÃO

Os seus prazos nunca devem ser estabelecidos como nota mental. É necessário materializá-los por escrito em papel, de preferência sob a forma de *checklist*, para que seja possível riscá-los da lista à medida que os atinge, e para que consiga ver-se a aproximar-se cada vez mais do objetivo final.

ERRO #4 – NÃO AGE DE FORMA PACIENTE

É reconhecidamente difícil ser paciente quando se estabelecem prazos porque está constantemente apressado para os cumprir. Mas nunca os irá completar a não ser que esteja em completo controlo da situação, e controlar a situação significa que tem de agir de forma paciente. Vamos explorar mais sobre estar em controlo da situação no Passo 6, quando abordaremos proatividade vs. reatividade.

ERRO #5 – FALHA NO PLANEAMENTO ANTES DE DEFINIR PRAZOS DE EXECUÇÃO

Nunca deve estabelecer prazos de modo caprichoso. Em vez disso, deve analisar cuidadosamente a situação e identificar todas as opções disponíveis que se apresentam à sua frente. Então deve escolher a opção que acredita ser a mais concretizável e planear cuidadosamente a sequência de prazos para a execução.

Criar Um Ambiente Em Que É Possível Gerir O Seu Tempo Com Sabedoria

Passo 4: Criar um Ambiente em Que Pode Gerir o Seu Tempo Com Sabedoria

De um modo simples e objetivo, será impossível gerir o seu tempo sabiamente ou concentrar-se no que precisa de concretizar se não se encontrar num ambiente adequado para si no que respeita a executar o objetivo. Irá reparar que esta afirmação é muito ampla e genérica, mas apenas porque nem todas as pessoas serão capazes de gerir o seu tempo da melhor forma no mesmo tipo de ambiente. Por exemplo, apesar de um certo tipo de ambiente lhe permitir concentrar-se mais no seu trabalho não significa que tenha o mesmo efeito em outra pessoa.

Então este passo é sobre como criar um ambiente que que lhe vai permitir gerir o seu tempo do modo mais sábio. Mais uma vez, não podemos definir exatamente qual o tipo de ambiente que necessita para si, mas podemos sugerir alguns fatores que deve ter em consideração.

Estes são os fatores:

ALTURA DO DIA

Não é só a localização do ambiente que importa, é também a altura do dia em que está nesse ambiente. Trabalha melhor de manhã e depois gosta de descansar durante a tarde, ou acha que a sua mente é mais criativa ao fim da tarde? Isso apenas você sabe.

Garantidamente, a altura do dia em que está no ambiente pode ser estabelecida pelo seu horário de trabalho atual, partindo do princípio que trabalha num escritório. Mas se é o seu próprio patrão ou se trabalha a partir de casa, terá muito mais flexibilidade na altura do dia em que se concentra melhor e desenvolve trabalho.

PRIVADO VS. PÚBLICO

É mais eficiente numa sala sozinho, ou num escritório ou estúdio com várias pessoas à sua volta? Ou gosta de trabalhar num pequeno grupo? Se trabalha melhor em grupos, então deve perguntar a alguns dos seus amigos ou colegas se gostariam de trabalhar consigo, mas se trabalha melhor sozinho numa sala, então será melhor ter o seu próprio espaço de trabalho.

Lembre-se que se prefere trabalhar sozinho, mas em ambiente público, se é trabalhador por conta própria ou trabalha a partir de casa, tem a possibilidade de trabalhar em locais públicos como bibliotecas ou cafés.

RUÍDO

Apesar de não se poder negar que muitas pessoas preferem trabalhar num ambiente silencioso e com o mínimo de distrações, nem todas as pessoas são assim. Uma biblioteca é um bom exemplo de um local público onde pode trabalhar em silêncio; um café também é um ótimo exemplo de um local público com mais ruído. No seu escritório, gosta de trabalhar com as janelas abertas, e ouvindo os sons da vida citadina no exterior, ou prefere trabalhar desconectado do mundo? Mais uma vez, o que funcionar melhor para si é o que deve usar.

Ruído não inclui só o número de pessoas que conversam à sua volta, também inclui música. Algumas pessoas conseguem trabalhar de forma muito mais eficiente enquanto ouvem música relaxante de que gostam nos seus dispositivos eletrónicos. Mas, novamente, outras pessoas necessitam de estar em completo e absoluto silêncio para serem produtivas.

POSTURA

Postura diz respeito a como está fisicamente enquanto trabalha. A grande maioria das pessoas gostam de estar sentadas a uma secretária ou mesa, com as suas costas direitas apoiadas na cadeira, para conseguirem trabalhar. Contudo, outros preferem deitar-se num sofá ou exercitar-se numa passadeira motorizada enquanto realizam as tarefas.

Também precisa de se questionar, quanto tempo consegue permanecer sentado antes de ter de se levantar para se movimentar. Isto vai determinar em grande parte o número de pausas que vai fazer em cada dia (mais sobre isto posteriormente no Passo #8).

Passo 5: Eliminar Distrações

Este passo em grande passo é composto a partir do que aprendemos no Passo #4, porque o ambiente em que trabalha obviamente precisa de estar isento do máximo de distrações possível. Contudo, a razão pela qual estaremos a falar de eliminar distrações num passo completamente diferente é por as distrações não acontecerem apenas no seu ambiente de trabalho. Elas surgem continuamente no decorrer do dia independentemente de onde esteja.

Neste passo vamos identificar várias distrações comuns e indicar uma técnica que pode usar para eliminar (ou pelo menos minimizar) cada uma.

DISTRAÇÃO #1: TELEMÓVEIS/*SMARTPHONES*

Os *Smartphones* são uma das maiores distrações no mundo em que vivemos hoje em dia, principalmente com todas as aplicações mais recentes, que podem por vezes ser demasiado tentadoras ou viciantes para lhes dizermos "não".

Sim, ainda precisamos de telemóveis para comunicar com os outros. Contudo, ainda necessita de o colocar em silêncio, ou em modo indisponível enquanto trabalha no que quer que seja que precisa de concluir. Quando faz uma pausa (mais sobre a importância de fazer pausas de hora a hora no Passo #8) pode verificar as chamadas não atendidas e as mensagens e responder.

DISTRAÇÃO #2: JOGOS DE COMPUTADOR/PROGRAMAS/INTERNET

Mesmo colocando o telemóvel em modo indisponível ainda pode sentir-setentado/a por alguns jogos ou programas que tenha no seu computador. Neste caso, mantenha abertos apenas os programas de que necessita. Pode sempre colocar a visualização do seu ecrã em modo *fullscreen* se isto ajudar a evitar que pense em outros programas com os quais possa jogar.
Também só deve usar a internet se for necessária para o trabalho. Se não for

necessária desligue o seu computador da internet ou desligue a internet se estiver em casa. Este ato por si só, vai fazer com que se livre de muitas potenciais distrações.

DISTRAÇÃO #3: RUÍDO

Um dos problemas de ter o ruído como distração (alémde ele próprio ser uma distração) é o facto de ser algo que é muito difícil de controlar. Talvez trabalhe perto de uma janela e tenha que ouvir a azáfama da vida citadina, ou o transito lá for a, ou talveztrabalhe num ambiente em que todos os colegas de trabalho são habitualmente conversadores.

Se vive num ambiente ruidoso, em que não pode controlar o barulho, então a melhor solução é substituí-lo por outro ruído com o qual consiga trabalhar melhor… por exemplo, música relaxante que possa ouvir com auscultadores. Os auscultadores só por si vão anular muito do ruído exterior, por isso, mesmo que a música relaxante o/a distraia só os auscultadores devem ser o suficiente.

DISTRAÇÃO #4: DESORDEM

Desorganização física no seu espaço de trabalho fornece múltiplas oportunidades de distração. Pode sentir-se compelido a organizar o espaço de trabalho enquanto trabalha, usando tempo que podia ter despendido a trabalhar. ou talvez a própria desordem impeça que consiga pensar devidamente.

Todos os dias, antes de começar a trabalhar, organize a sua área de trabalho de todos os ficheiros, artigos de escritório desorganizados e quaisquer outras coisas que o/a distraiam. Deve ter um espaço de trabalho agradável e limpo.

DISTRAÇÃO #5: O RELÓGIO

O simples facto de ter a noção do tempo pode ser uma distração. Não saber as horas pode até ser muito libertador. Há relógios por todo o lado ao nosso redor, por isso, use os seguintes passos para esconder tudo o que possa dar-lhe a informação das horas nas imediações. (Nota: parasaber quando deve fazer as pausas programadas, programe um temporizador e esconda-o sob a sua secretária,e faça a pausa quando o temporizador tocar):

Não use relógio.
Cubra ou retire o relógio da parede, ou se não o puder fazer, posicione-se de modo que não consiga vê-lo.
Esconda o relógio do seu computador.
Deixe o seu telemóvel ou *smartphone* de lado.

Passo 6: Saber a Diferença entre ser Proativo e Reativo

Ser proativo define-se como você controlar uma situação específica a qualquer momento porque você fez com que isso acontecesse a um dado momento.

Ser reativo é definido como responder a uma situação a qualquer momento em vez de controlar ou criar a situação.

Se pretende gerir a sua gestão de tempo, deve maximizar a proatividade na sua vida e minimizar a reatividade.

Ora, esta é a verdade: não existe uma única pessoa no mundo que seja cem por cento proactiva ou cem por cento reativa. Todos nós criamos ou despoletamos situações a uma certa altura (proativo), enquanto reagimos a situações geradas por outros ou pelo mundo exterior em outra altura (reativo).

Contudo, também é verdade que algumas pessoassão menos frequentemente proativas enquanto outras são menos frequentemente reativas. Mais uma vez, para gerir o seu tempo eficientemente de modo a aumentar a sua produtividade, necessita de maximizar a proatividade na sua vida e manter a reatividade no mínimo.

Neste passo vamos referir cinco situações específicas que podem levá-lo a tornar-se reativo, mas em seguida falaremos sobre como reverter a situação de modo a tornar-se proactivo. O resultado significa que irá controlar a situação e ter iniciativa , e em consequência tornar-se-á mais produtivo.

SITUAÇÃO #1: SENTE-SE ZANGADO

É muito fácil reagir em vez de controlar uma situação se está zangado com alguém. Pode enfurecer-se com as pessoas ou pelo menos responder de forma irritada, de que mais tarde provavelmente se irá arrepender e danificar o seu relacionamento com essa pessoa (esse é o outro lado da questão, ser reativo em vez de proactivo pode prejudicar em vez de ajudar os seus relacionamentos pessoais e profissionais).

A melhor maneira de se tornar proactivo em vez de reativo quando lida com alguém com quem se sente zangado, é parar para respirar fundo e recuperar o controlo de si mesmo. Para muitas pessoas, a melhor maneira de fazer isto é simplesmente contar até 10 calmamente. Pense neste ato como fazer uma breve pausa.

Assim que recupere o controlo de si próprio, será então capaz de comunicar melhor com essa pessoa. Não estamos a afirmar que já não estará irritado, mas sim que agora conseguiu ter o controlo de si próprio, e agora também terá um melhor controlo sobre esta situação específica.

E o que é que isto significa, no que diz respeito a gestão do tempo e produtividade? Significa que não estará tão sobrecarregado com emoções negativas e de ira dirigidas a alguém, que se esteja a afastar do seu trabalho ou a desperdiçar tempo dos seus objetivos ou tarefas importantes que tem para executar.

SITUAÇÃO #2: SENTE-SE PRESSIONADO

Esta situação ocorre mais vezes no trabalho, onde o seu chefe, gerente ou um colega de trabalho o está a pressionar para tomar uma decisão rápida. Nesta situação, você é naturalmente, apenas reativoporque: A, é muito provável que não tenha gerado esta situação em primeiro lugar, mas sim que o seu gerente ou chefe o tenha feito, e B, claramente você não tem controlo sobre esta situação, uma vez que está a reagir ao facto de o seu chefe ou gerente lhe estar a colocar a questão.

Evidentemente que pode evitar esta situação dizendo simplesmente "não", mas se o fizer, irá não apenas prejudicar a sua reputação aos olhos daqueles que lhe são superiores na hierarquia do trabalho, mas ainda pode tornar-se um mau hábito tentar evitar situações como esta.

Em vez disso, tome controlo da situação dizendo "deixe-me pensar sobre o assunto". Esta resposta alivia muito a pressão mental e emocional que está a sentir, sem evitar a situação. Quando o seu chefe ou gerente então lhe pergunta algo do género "de quanto tempo precisa?", dê uma resposta razoável de "cinco ou dez minutos" ou algo semelhante, e use esse tempo para rápida, mas minuciosamente avaliar os prós e os contras deste cenário específico, de forma a encontrar a melhor solução possível que pode fornecer ao seu chefe ou gerente.

Esta situação de proativo vs. reativoé importante na gestão do tempo, pois se responder com "não", e desta forma tentar evitar a situação, torna-se um hábito e continuamente tentará evitar mais tarefas que tenha em mão e adiá-las para mais tarde. Infelizmente, essas tarefas irão ressurgir mais tarde, e estarámuito menos preparado para lidar com elas, não esquecendo ainda que se vai sentir sobrecarregado tanto por essas tarefas como pelas novas que temagora em mãos.

SITUAÇÃO #3: SENTE-SE NERVOSO

Quando nos sentimos nervosas ou em intense ansiedade devido a algo, a nossa reação mais habitual é demonstrar por ações habituais que fazemos quando nos sentimos nervosos. Talvez bata o pé no chão, ou se mexa no seu assento, ou talvez o seu batimento cardíaco acelere .

Qualquer que seja o seu caso, todos estes são exemplos de reação à situação, em vez de tomar o controlo da mesma. Controle a situação tentando domar os seus hábitos nervosos. Por exemplo, se o seu hábito nervoso é o seu batimento cardíaco acelerar ao mais pequeno vestígio de ansiedade, tome o controlo respirando profundamente a partir do seu abdómen (se respirar profundamenteapenas pela sua caixa torácica isso apenas irá acelerar o seu ritmo cardíaco).

Sentir-se nervoso prejudica a sua produtividade, porque a sua mente se ocupa com pensamentos angustiantes, e se estes pensamentos tiverem continuidade, poem tornar-se em algo muito pior: pensamentos receosos, o que nos leva à próxima situação ...

SITUAÇÃO #4: SENTE RECEIO

Todas as pessoas sentem medo numa situação ou noutra, mas a maioria de nós sente medo por razões diferentes. Não estamos a falar de algo como ter medo do escuro, falamos de ter receio de consequências do que possa acontecer caso faça algo errado.

Por exemplo, talvez se sinta nervosa por ter que realizar uma apresentação à direção da sua empresa amanhã. E esses pensamentos e sentimentos de nervosismo e ansiedades se tornem em pensamentos de puro medo quando pensa nas repercussões negativasque terá se falhar em fazer uma boa apresentação.

Isto apenas prejudica a sua produtividade, porque os sentimentos de medo tornam-se demasiado fortes e podemos sucumbir a eles, e convencer-nos de que inevitavelmente vamos fracassar. O fracasso é antítese da produtividade. Não pode deixar o medo controlá-lo e pior ainda, não se pode permitir reagir ao seu medo.

A melhor maneira de ultrapassar o receio, é tomar ação a nível físico. Não se sente simplesmente a pensar no assunto.Certos exercícios simples como flexões, agachamentos, corrida ou praticar desporto podem ajudar a aliviar os nossos sentimentos de medo,porque o movimento a que o nosso corpo está a ser sujeito controla as emoções em que pensa.Também lhe permite aumentar a sua confiança.

SITUAÇÃO #5: SENTE-SE CONFUSO

Finalmente, outra situação que pode causar que sejamos reativos em vez de proativos é quando nos sentimos confusos.

Quando se sente confuso, naturalmente precisa de procurar clarificação. Então, a resposta para isto é simples: não tenha medo de pedir ajuda ou de procurar qualquer outra explicação, para algo de que não está certo. O simples facto de procurar ajuda de alguém que possa ajudar, mostra que você está a tomar o controlo da situação, sendo assim proativo em vez de reativo.

Em resumo, o objetivo principal de gerir o seu tempo de forma sábia é levar uma vida mais produtiva, mas será impossível gerir o seu tempo se não tiver controlo sobre si próprio, e consequentemente sobre o seu tempo. Para determinar como gerir o seu tempo e vida de forma mais produtiva, tem que ter controlo sobre a sua vida, e ter controlo sobre a sua vida significa viver proativamente, em vez de reativamente. Então, pensando nisto, sempre que uma destas cinco situações ocorrer na sua vida, faça uso da nossa sugestão, e tome controlo destas situações em vez de permitir que elas o controlem.

Passo 7: Organizar a sua Semana

As nossas vidas são atualmente dominadas pela rotina. Nós acordamos de manhã, tomamos um duche, tomamos o pequeno-almoço, conduzimos para o trabalho, trabalhamos, almoçamos, trabalhamos durante a tarde, vamos buscar as crianças à escola, fazemos o jantar, relaxamos ao início da noite, vamos dormir e no dia seguinte tudo se repete.

Tal como a sua vida em grande parte agora é a rotina, continuará a ser quando começar a dar os passos necessários para gerir melhor o seu tempo. A única diferença será agendada de modo a que o seu tempo seja dedicado às coisas mais importantes da sua vida.

Aqui ficam algumas dicas para organizar a sua semana:

TIP #1: DEIXE DE PARTE TEMPO PARA OS AMIGOS E A FAMÍLIA

Só vivemos uma vez, por isso queremos que a nossa vida seja tão compensadora e satisfatória quanto possível. O que isto significa é que não pode deixar que a azáfama da vida o controlecomo pode estar a fazer neste momento. Então, quando estiver a reorganizar a sua semana, inclua também muito tempo para despender com coisas de que gosta também.

Mas, para viver uma vida realmente satisfatória, há uma coisa em específico que terá necessidade de incluir, tempo para passar com os amigos e os membros da família. Pode passar tempo com a sua família mais próxima diariamente, por isso, certifique-se que reserve tempo (especialmente ao fim do dia nos dias de semana) para passar com eles. Jantar com a família à mesa, é uma forma simples, mas recompensadora de passar tempo com a sua família e de lhes contar o que aconteceu no trabalho, e perguntar às crianças o que fizeram na escola.

Nos dias de semana, vai conseguir arranjar tempo para passar com os seus amigos e familiares para além dos membros da família mais próximos. Durante este tempo devem ter atividades divertidas de que todos gostem, como noite de jogos em família, ir ao teatro ou atividades divertidas ao ar livre.

DICA #2: CRIAR UMA NOVA AGENDA SEMANAL TODOS OS DOMINGOS AO FIM DO DIA

As nossas vidas mudam e isso significa que as nossas semanas, também mudam continuamente. É por esta razão que a sua semana nunca pode ser inflexível, necessita de ser flexível para acompanhar as necessidades da sua vida.

Assim, escreva um novo planeamento todos os domingos ao final da tarde, com base naquilo que sabe que a semana lhe reserva. Por vezes podem ser muito semelhantes, ou perfeitamente idênticas, enquanto, outras vezes serão drasticamente diferentes.

DICA #3: INCLUA SEMPRE O QUE É URGENTE NO SEU PROGRAMA

Tarefas urgentescomo estar presente em reuniões, completar trabalhos da escola, fazer tarefas domésticas, ir buscar as crianças, ou ir às compras,devem ser sempre incluídas no planeamento, para que não se esqueça delas, e possibilitam estabelecer uma duração ou prazo razoável entre si.

DICA #4: DEIXE DE PARTE TEMPO PARA AS COISAS QUE SÃO IMPORTANTES, MAS QUE NÃO SÃO URGENTES

Também deve deixar reservar tempo na sua agenda para as coisas que são importantes mas n são urgentes. Digamos que quer escrever um livro porque adora escrever e acha um tema de que gosta particularmente. É muito importante para si escrever este livro, porque se vai sentir satisfeito e com uma forte sensação de autorrealização quando o fizer, mas não é urgente que o termine de imediato ou nas próximas semanas.

Por esta razão, reserve tempo para escrever o livro (ou para fazer qualquer outra coisa que é importante mas não é urgente para si) a cada dia na sua agenda semanal. Nem que sejam apenas 15 ou 30 minutos por dia, será muito melhor do que nada. São as coisas importantes como estas que irão permitir que a sua rotina e vida no geral se torne mais compensadora.

DICA #5: INCLUIR TEMPO DE INATIVIDADE

A sua vida não deve ser cem por cento trabalho. Precisa de incluir tempo de descanso na sua agenda diariamente, em que possa apenas relaxar e aliviar a mente. Este não é tempo despendido a trabalhar para as coisas importantes mas não urgentes a que nos referimos na

DICA#4, porque isso ainda implica tecnicamente que está a trabalhar, mesmo que não seja no seu emprego. Tempo de descanso inclui coisas como ler, jogar jogos, passar tempo com os seus amigos e família, ver filmes ou televisão, ou algo semelhante.

Passo 8: A Importância de Fazer Pausas

Neste momento questione-se, quantas pausas faz por dia, quanto dura cada uma dessas pausas (em média). É o tipo de pessoa que reserva longos períodos de tempo destinados a concretizar trabalho, tenta e consegue concretizar o máximo de trabalho possível nesse período de tempo, ou é o tipo de pessoa que trabalha, faz uma breve pausa, trabalha mais um pouco, faz outra pequena pausa, trabalha mais um pouco, faz outra breve pausa, e por aí adiante?

Fazer pausas é importante para se tornar mais produtivo, e gerir o seu tempo devidamente. É garantido, que pode fazer demasiadas pausas, ao ponto de isso reduzir o tempo em que está a ser produtivo, mas deve fazer várias pausas por dia.

Quando se sentir psicológica e fisicamente desgastado ao fim de cada dia, então isso será um claro indicador de que não está a fazer pausas suficientes. E, assim que se começa a sentir mental e fisicamente desgastado, é por fim muito mais difícil concretizar trabalho.

Pausas regulares de 5 ou 10 minutos podem dar-lhe descanso físico suficientee tempo de relaxamento mental para voltar ao ritmo. Regra geral, recomendamos que faça um hábito de tirar pelo menos uma pausa de 5 a 10 minutos por cada hora de trabalho.

Em conclusão, isso irá acrescentar, cerca de 1hora (outalvez um pouco mais) de tempoao seu dia que poderia ter despendido a trabalhar. Porque não passar essa hora a concretizar mais?

Bem, há várias razões pelas quais deve fazer essas pausas de 10 minutos por cada hora. Aqui ficam as mais importantes:

PAUSAS FAZEM A SUA PRODUTIVIDADE AUMENTAR

Vários estudos confirmaram virtualmente que quem faz uma breve pausa de hora a hora tem um melhor desempenho no trabalho do que quem não o faz. Isto acontece porque, se trabalhar continuamente sem parar anão ser brevemente para o almoço, a sua mente pode entrar num estado entorpecido. Como resultado, o trabalho que está a desempenhartorna -se cada vez menos importante, a sua energia é drenada e pode começar a desempenhar as suas tarefas como um robot em vez de como uma pessoa.

Faça uma pausaque lhe permita revigorar a sua mente e voltar à sua tarefa com uma energia nova.É por esta razão que quem reserva 5 ou 10 minutos de pausa por hora não só irá concretizar mais trabalho em qualquer dia, como ainda, o seu trabalho será de qualidade superior.

PAUSAS TORNAM-O MAIS CRIATIVO

Fazer uma breve pausa a cada hora não vai apenas torná-lo mais produtivo, irá também fazer com que se torne mais criativo! Recorda que referimos que trabalhar continuamente pode fazer a sua mente entrar num estado entorpecido? Se se mantiver nesse estado, será significativamente menos provável que ganhe um novo ponto de vista acerca das coisas, mas se fizer uma pausa e permitir à sua mente regenerar-se, será capaz de reavaliar a tarefa com uma nova perspetiva. Pense na pausa de 5 a 10 minutos como sendo uma recarga do seu cérebro para elevar novamente os seus níveis de criatividade.

PAUSAS FAZEM BEM À SUA SAÚDE FÍSICA

Como seres humanos, os nossos corpos não estão preparados fisicamente para passar o dia inteiro sentados a uma secretária. Precisamos de nos levantar para nos movimentarmos, isto assegura que o nosso sangue continua a circular devidamente e que o nosso cérebro recebe mais oxigénio. Até o simples ato de nos levantarmos e movimentarmos no escritório por 5 minutos ao fim de cada hora é bom para a nossa saúde, em termos físicos.

PAUSAS DÃO-LHE A OPORTUNIDADE DE FAZER ALGO ESTIMULANTE

Quando dizemos "faça uma pausa", não falamos apenas em levantar-se, esticar-se e pegar numa nova chávena de café. Estamos a referir-nos a fazer algo estimulante, algo de curta duração, mas que desafie a sua mente.

É absolutamente necessário que se levante da sua cadeira e se mova, isso é certo. Mas ainda assim deve fazer mais do que pegar numa chávena de café e verificar o seu e-mail. Talvez, em vez disso, jogar numa aplicação divertida mas que despenda pouco tempo que faça com que a sua mente trabalhe ou que você tenha que ter respostas rápidas., Ou talvez possa usar esse tempo para realizar um *brainstorming* relacionado com outro projeto que tenha, como um *hobby*.

PAUSAS OFERECEM-LHE UMA MUDANÇA DE CENÁRIO

Por fim, a sua secretária e o seu computador nunca são exatamente o cenário mais inspirador, certo? Use sempre as suas pausas como uma oportunidade de sair do seu escritorio e fazer uma mudança de cenário; esta alteração de cenário vai sempre ser melhor para si se for no exterior em vez de ser estagnada dentro do escritório. Sair por apenas cinco minutos será relaxante tanto para a sua mente como para o seu corpo e o suficiente para o recarregar ou motivar para a próxima hora de trabalho.

Passo 9: Rever o Seu Progresso ao Fim de Cada Dia

Será impossível saber se o seu esforço para gerir melhor o seu tempo está a ter sucesso ou não se não medir o seu sucesso. Use qualquer um destes métodos para rever o seu progresso ao fim de cada dia ou semana:

OS NÚMEROS

Este é simples: simplesmente meça o seu sucesso por factos, como quantidade total de peso perdido, quantia em dinheiro que poupou, número de projetos que completou, ou aumento de receitas que conseguiu como resultado, ou algo semelhante.

A SUA *CHECKLIST*

Este também é simples: quantos itens da *checklist* já riscou? Esta é a razão pela qual é importanteque a sua *checklist* seja materializada para ser algo físico, em que pode mesmo riscar os itens atingidos e ver o seu progresso.Será possível ter rapidamente uma ideia da sua *checklist* simplesmente vendo o que riscou em vez de ter que calcular os números. Este método é facilmente o mais simples de se medir o seu sucesso, apesar de estar longe de ser específico (é para isso que os números existem).

REGISTE O SEU PROGRESSO

Não deve simplesmente deitar fora a sua *checklist* quando terminar, deve manter registo dessas *checklists*, ou pelo menos manter registo do progresso de outro modo. Desta forma sempre que o progresso for lento, ou estiver a ter dificuldades para se motivar para concluir tarefas, ainda pode observar o que já completou e dar a si próprio uma recarga de motivação emocional.

ELABORE O SEU PRÓPRIO SISTEMA DE PONTUAÇÃO

Finalmente, o que o impede de criar o seu próprio sistema de pontuação? Alguns objetivos ou prazos que pode estabelecer você mesmo não podem ser medidos com números. Em vez disso, simplesmente pontue-se a si próprio pelo trabalho que fez.

Um exemplo seria se estivesse a trabalhar num projeto seu (por exemplo um trabalho artístico) por diversão. Não pode determinar o grau de sucesso exato com números neste caso, mas pode pontuar o seu próprio trabalho por exemplo com uma escala de zero a cinco ou zero a dez.

Passo 10: Criar um Sistema de Recompensas

Não interessa o que estamos a fazer, mas cada um de nós irá precisar de algum tipo de sistema de recompensapara se manter motivado. Enquanto pode estar entusiasmado com a possibilidade de gerir melhor o seu tempo para aumentar a sua produtividade, e consequentemente manter-se motivado com base simplesmente nesta ideia, será apenas uma questão de tempo (umas semanas no máximo) até que precise de motivação adicional para manter o ritmo.

A última coisa que deve fazer é perder tempo, contudo, reservar algum tempo para se recompensar por aumentar a sua produtividade, ou atingir novos objetivos com o seu novo sistema de gestão de tempo não é de modo nenhum um desperdício de tempo, mas sim a principal força motriz que irá mantê-lo motivado para continuar a gerir o seu tempo devidamente.

Aqui ficam algumas ideias que pode usar para se recompensar enquanto gere o seu tempo:

TOME UM BOM PEQUENO-ALMOÇO

O pequeno-almoço é a refeição mais importante do dia, contudo, a maioria das pessoas come pouco mais do que um iogurte e um café ao pequeno-almoço no carro enquanto se encaminham para o trabalho.Assim que começar a usar o seu novo sistema de gestão do tempo para atingir um novo marco ou objetivo, considere recompensar-se com um bom pequeno-almoço no fim-de-semana. É mais sensato fazê-lo num fim-de-semana, porque assim terá mais tempo para se sentar num café com pequeno-almoço e realmente aproveitar ao máximo a deliciosa refeição, do que teria se tivesse que ir para o trabalho.

VÁ A ALGUM LUGAR ONDE SEMPRE DESEJOU IR

Este lugar pode ser outra área do país ou até do mundo, ou pode ser um lugar na sua zona. Seja um museu ou um aquário na sua cidade, ou uma paisagem com uma cascata ou uma montanha numa reserva natural, reserve tempo para ir visitar um local onde sempre desejou ir assim que atingir um marco com o uso do seu sistema de gestão do tempo. Pensenisto como sendo uma visita de estudo.

EXPERIMENTE UM NOVO *HOBBY*

Cada um de nós tem um potencial *hobby* que gostaria de experimentar mas nunca o fez, por exemplo, tentar aprender um novo instrumento musical, fazer uma caminhada, fazer trabalhos de carpintaria, ou algo semelhante. O que é mais compensador, é que se encontrar um novo *hobby* de que goste, possa juntar-se a novos grupos formados em torno da atividade.

POUPE PARA ALGO QUE SEMPRE QUIS

Este sistema de recompensa é particularmente eficiente para muitas pessoas. O que se faz é identificar algo importante que sempre quis, sejam férias num novo país, um barco novo, ou algo do género e assim por diante. Assim que tenha decidido o que quer, então reserve dinheiro para essa recompense sempre que atingir um novo objetivo ou marco.

Portanto, para aplicar isto à gestão do tempo, vamos dizer que, a cada semana que use o sistema de gestão do tempo para realizar uma tarefa ou projeto de trabalho maior, você deixa de parte cerca de 50 euros para esta recompensa grande e divertida que tanto quer. Irá demorar vários meses, ou até um ano ou dois para poupar o suficiente para conseguir comprar o que deseja, mas o sistema de recompensa funciona porque existe algo claramente identificado que sempre quis, e por cada nova tarefa que terminar graças ao seu sistema de gestão do tempo, estará a ficar mais próximo desse objetivo.

Conclusão

Aprender a gerir devidamente o seu tempo é o segredo para atingir um sucesso e realização pessoal maiores na vida. Demasiadas pessoas ao nosso redor são incapazes um sucesso maior ou alcançar coisas que sempre desejaram, simplesmente porque não sabem como gerir devidamente o seu tempo. Eles, ou encontram-se demasiado distraídos com coisas desnecessárias e desperdiçam tempo dessa maneira, ou não agendam devidamente o seu tempo para as coisas que são mais importantes.

É por isso que aprender a gerir o tempo adequadamente é uma das aptidões mais importantes que podemos aprender e aplicar na nossa vida. Neste livro aprendemos o que é a gestão do tempo, como estabelecer as suas prioridades e prazos adequados para atingir essas prioridades, e como criar um ambiente ao seu redor que lhe permita concentrar-se nas coisas que precisa fazer.

Também abordámos como eliminar distrações comuns que impeçam de realizar trabalho, como se tornar uma pessoa mais proativa em vez de reativa na sua vida para tomar o controlo do seu tempo, como organizar a sua semana, a importância de fazer pausas para a sua mente se revigorar regularmente, e como medir o seu sucesso ao fim de cada dia. Finalmente, também lhe demos algumas ideias para uns quantos sistemas diferentes que pode usar para se recompensar quando atinge novos objetivos ou marcos com o sistema de gestão do tempo.

Deve ter-se em conta que a maior parte das pessoas reconhece o devido valor da gestão do tempo e querem incorporá-la na sua própria vida. O único problema é que quando finalmente o decidem fazer, não estão dispostos a fazer as alterações na sua vida que são necessárias para uma gestão de tempo apropriada. Não estão dispostos a deixar de despender tempo nas coisas que não são urgentes nem importantes, não são capazes de fazer um esforço real no sentido de obter o controlo das situações em vez de simplesmente lhes reagirem, ou têm dificuldade em definir prazos para o que precisam fazer, mas que não têm necessariamente que fazer.

É por esta razão que, a termo de conclusão, é necessário que reconheça que as alterações do modo de vida são necessárias se quer gerir devidamente o seu tempo. Pode não gostar de todas as alterações no seu modo de vida, mas lembre-seapenas que a recompensa será conseguir fazer mais coisas em cada dia, construir uma boa reputação no trabalho com os seus colegas, e ser capaz de alcançar coisas que anteriormente não pensasse que estivessem disponíveis. Não irá apenas ver o seu rendimento geral aumentar, mas definitivamente também irá sentir-se mais realizado pessoalmente.
BIOGRAFIA DO AUTOR: John Davis

Durante mais de 30 anos John Davis trabalhou como académico, consultor, escritor e orador no campo de empresas familiares. É considerado uma das autoridades principais no que diz respeito a empresas familiares, riquezas familiares, liderança e sucessão.

Com formação em gestão, psicologia e economia, o Professor Davis trabalha de uma forma global com temas como: sucesso dinástico, governação corporativa e familiar, trabalhar com familiares, planeamento de sucessão, desenvolver a próxima geração, relações com acionistas, estratégia e desenvolvimento de liderança e profissionalizar o negócio familiar.

Fundador e presidente de duas organizações internacionais de ponta que apoiam famílias empreendedoras: *The Cambridge Institute for FamilyEnterprise* (Instituto de Cambridge Para Corporações Familiares), um instituto de pesquisa e formação, e *Cambridge Advisors to FamilyEnterprise* (Consultores de Cambridge para corporações familiares, uma firma de consultadoria. Também tem vindo a ser reconhecido como um dos maiores consultores de riqueza da América.

www.ingramcontent.com/pod-product-compliance
Lightning Source LLC
Chambersburg PA
CBHW071851070526
44583CB00016B/1632